独立起業をビジネス成功に運ぶ

時短術

株式会社日本デザイン
大坪拓摩［著］

TIME CAN BE MONEY
MONEY CAN'T BE TIME

時短を覚えたあなたと知らないあなた。
知らない幸せはあるかもしれないが、
覚えた幸せを超えることはない。

時短術とは

一般的な時間術がより多くのタスクをすばやく効率良くこなす、「量」に対するノウハウやテクニックだったのに対し、欲しい結果を手に入れるまでの時間を短縮する「質」と「量」を同時に得られるノウハウやテクニックのこと。

プロローグ 時短の現状

人生を大切にしたいなら時間をムダ使いしてはいけない。
人生は時間によってできているのだから。

実業家 ベンジャミン・フランクリン

あなたの財布から、毎日消える2万4千円

ちょっと想像してみてください。

あなたは今朝家を出るとき、私から2万4千円をもらいました。

「それは今日かぎり有効なお金です。夜に残した分はすべて必ず返してもらいます」

あなたは、そのお金を何に使いますか？

欲しかったブランドの小物を買うかもしれない。ミシュランのお店にデートに行くかもしれない。お洒落な服を買うかもしれない。本屋でマンガを大人買いするかもしれない。何に使うかは人それぞれですが、**この本を読むみなさん全員に共通することがあります。**

必ず使いきるということです。自分で稼いだお金ではないですが、残してしまったら

財布から消えてなくなってしまう。

そうだとしたら、あなたは「もったいない」と思い、できるだけ使いきろうとするでしょう。

そうですよね。それくらいお金を大事にしています。

私自身、起業してから3年以上経ちますが、毎日2万4千円以上のお金をいただく仕事をしています。

ときには1ヶ月で3000万円以上いただけることもあります。ビジネスというものは、自分が社会にとってどれくらい価値を感じてもらえているのかを測れるとても良い手段です。

この本は、**あなたを含めた起業プラスマイナス1年生の方に向けて**書きました。

もちろん、会社員の方でも学生の方でも、読んだらすぐに実践でき、その月からでも結果が出るほどのノウハウとテクニックに満ちた本です。

ですから、この本を企画するときは、「参考になる本を引っ張り出して、良いトコ取りしました!」という本ではなく、**過去の自分が何に困り、何に助けられていただろうかという実体験**を思い出しながらアイデアを出しました。

起業プラスマイナス1年生だった過去の自分へ、教えて一番喜ばれるものは何だろうか?

そう考えたときに浮かんだのは、お金の稼ぎ方でも、人のひきつけ方でも、デザインのスキルでもなく、**「時間の使い方」**でした。

・マーケティングを学んでも、実行する時間がなければ何も変わらない
・マネジメントを学んでも、実行する時間がなければ何も変わらない
・プレゼンスキルを学んでも、実行する時間がなければ何も変わらない

起業すればやることがたくさん増えるが、時間がなければすぐに手がまわらなくなる。
手がまわらなくなれば、必要な行動が減る。

必要な行動が減れば、だんだんお金も減っていき、倒産します。

何をやるにも必ず必要なもの、**それはお金ではなく、時間です。**

よく「タイムイズマネー（時は金なり）」という格言を聞きますが、時と金はイコールの関係ではありません。

なぜなら、**「時は金になれても、金は時になれない」**からです。

すでに起業した方も、起業準備中の方も、新しいことを始めようとすれば、アイデア次第で、使うお金をゼロにすることはできても、使う時間をゼロにすることはできません。時間は必ず必要になります。

新しく取り組みたいことが複数増え、習える場所がそれぞれにあったとして、すべてを同時に始めることは簡単です。

ですが、**始めることと続けることはまったくの別物**です。

なぜなら、始めるのは気持ちとお金でできますが、続けることは気持ちとお金に加えて、時間が必要不可欠だから。

今すでに行っていることをキープしながら、新しいことを複数始めれば、当然すぐに持ち時間が減ります。

減るだけなら良いですが、持ち時間が赤字になれば、**もともと大丈夫だったことにまでマイナスの影響**が出ます。

それほど時間は、有限で重要な資源なんです。

ですが、実際に多くの方たちをプロデュースしたり、コンサルティングさせていただいても相談されるのは、お金の稼ぎ方や使い方の話ばかり。時間の稼ぎ方や使い方にいたっては、その重要度と比べてまったく意識されていません。

冒頭のお話は、その不合理について少し考えていただくためのものです。

私たちの心臓が動いているかぎりは、誰もが毎日、同じ24時間という時間をもらっています。

もらった時間はだんだんと減っていき、翌日には繰り越せません。

繰り越せないお金なら、使い道をあれこれ考えて使いきるのに、繰り越せない時間は、なぜ、うまく使いきることができないのでしょうか?

本当は皆、お金ではなく時間に困っている

本当に世の中の現状は不思議なものです。

なぜなら、**お金のムダは嫌がるが、時間のムダは嫌がらない**から。

お金のムダ使いは、それを趣味や快楽とひも付けないかぎり、一度失敗すればすぐに直ります。ですが、時間のムダ使いは、失敗だらけだと自分でもわかっているのに、なかなか直らない。

もし毎日、時間をムダに使ってしまっていることがあるとすれば、それを直したときの効果は絶大。この本の中にあるノウハウは、誰よりもムダの多かった私がたくさんのムダを気付くたびにカットし続け、改善を繰り返した末に勝ち得たものです。

実際に、**私の人生を変え続けていると言っても過言ではないノウハウ**が多数詰め込まれています。

セミナーやワークショップではないので、読んだだけで実践してもらえるよう、取り組みやすいものを入れていますが、**簡単なことでも大きな結果につながる**のがこの時短術の魅力的なところです。

はじめに出版の話が出たときは、マーケティングやマネジメントの本になると思っていました。

ですが、出版社の社長と制作会社の社長との打ち合わせに入り、私の時短テクニックをいくつかお話したとき、「おもしろい！　うちもやりたい！」「その考え方は大坪さんじゃないと出ないです」との反応をいただいたことから、このノウハウを書籍化することになりました。

時間の稼ぎ方と使い方を知れば、ビジネスの結果は何倍にもアップ可能

これが、普段はコンサルタントや経営者の方たちを相手にマーケティングやコンサル

ティングのノウハウを教えている私が、タイムマネジメントと呼ばれる分野について書くことになった理由です。

そしてついに、あなたに本を通じてお届けすることができました。

まず、**簡単で大きな結果を得られるノウハウばかり**を詰め込みました。

時間の稼ぎ方と使い方という、人によって趣向が大きく異なる分野ですので、賛否の両方があると思います。ですが、否定される方でさえ、実践すれば気付きの生まれる内容になっているはずです。

時短は、目標達成や課題解決に対する「絶対普遍の解決策」

私たちがこれまで読んだ本の中には、高学歴の天才たちが、今の私たちには使いこなせないスキルを偉ぶって学術的に話すばかりのものも多くありました。チームで目標達成するには高度な調査をして、調査結果にもとづく意思決定をして、出た意思決定をこの評価基準でセルフチェックして、実行段階ではあらかじめチェックシートを用意し、運用後はPDCAを定期的に行い、その際にチェックするのは主に……というような、「やることどんだけ増えるんだよ！　時間がなくなるよ！　足りないよ！」という内容のものが多くありました。

あなたが今この手に取り、すでに16ページも読み進めてくれた本はここから先、彼らとは逆のアプローチを行きます。

第1章『**独立起業の時短術**』では……

多くの経営者、起業家が時短術を知らないことで毎日どれほどの損をしているのか、時短術を覚えたことで得られるメリットとサンプルをお見せします。理解が進みやすいように時短術ができた経緯も少しお話しします。

第2章『**自分を磨く時短術**』では……

あなた自身の時間効果の上げ方を具体的にお話しします。今まで効率アップでしかなかった時間管理術から、どのようにして効果アップ（生産性や精度の向上）させるかを、確認＋短縮というシンプルな枠組みで覚えられます。

第3章『**関係を磨く時短術**』では……

ビジネスで必ず必要になるクライアントやチームメンバーなど、自分以外との関係で時短を得るノウハウをお伝えします。これを知ることで、同じ売上や収益を得るための時短が達成できます。

第4章『**常識の壁を超える時短術**』では……

会社員のときは正解でも、起業家には不正解となる、独立起業の落とし穴的ルールやマインドについてを細かくお伝えします。もし知らないことがあれば、それだけでもココロとカラダの負担が一気に軽減するはずです。

第5章『**トラブルで成長する時短術**』では……

独立起業に必ず付きまとう失敗・トラブル・クレームなどをいかに短時間で解決するかというノウハウと、そもそも発生させないという時短術について知ることで、機会損失や収益減少を防げるようになります。

第6章『**成長を倍速にする時短術**』では……

成功の必須条件である成長さえも、得られるスピードを倍速にしてしまう学習にまつわる時短術を公開します。これはすべてのベースとなるので、知るのが早ければ早いほど、ライバルに差をつけるチャンスが生まれます。

時短術を通じて得られるのは、効率アップをはるかにしのぐ効果アップ

つまり、この本は、今すぐ結果が出る効率的ノウハウを出すのは当然として、それを超える「**どこまで成功を時短し、成功を継続させられるか**」という効果性ノウハウについてを公開しています。

これまで多く見たのは仕事術（同じ時間でたくさんの量をこなすノウハウ）でした。今回あなたに知っていただきたいのは時短術（短い時間でたくさんの結果を出すノウハ

ウ）です。

そしてそれは、得たい結果を得るまでの時間と労力をいかに短縮できるかという、**あなた自身の可能性を知ってもらうこと**にもなると思っています。

マーケティングやマネジメントのノウハウを学んでも、大は小を兼ねる程度に各分野でしか活用できませんでした。しかし、時短を覚えることは、あなたが今行っているすべてのことだけでなく、今後新しく始めることすべてにも効果があります。

ちなみに、前述の仕事術やマーケティング、マネジメントにかんする本が悪いと言っているのではありません。私自身もそういった本からたくさんの学びを得ています。

私が本書を通してお伝えしているのは、**あなたがそれらすべてを手に入れるまでの最短ルート**は、時短術で単位時間当たりの効果性をアップすることで簡単に見つかるということです。

目標達成スピードを早める時短術

ぜひ、この本を使い倒して、あなたがあなた自身の能力・才能を100％発揮できる状態を構築してください。お金と同じように、時間もフルに使いきることが大事と話していますが、**一番に使いきるべきものはあなた自身の能力・才能です。**


本書を読むことで、成功を時短できるのが初級レベル。

本書を使うことで、成功を継続できるのが中級レベル。

本書を読まずとも実践できることで、あなたが得られる100％の結果を得ることが上級レベルだと思っています。

時短は、誰にでもできる「簡単な知恵」です。

時短術を始めるには、お金はいりません。

時短術を始めるには、自信もいりません。
時短術を始めるには、当然、時間もいりません。

誰にでも、**すぐに実践可能なノウハウばかり**です。とくにビジネスに即効性のあるものから始めたいのであれば、第3章から読み始めていただいてもかまいません。ビジネスで結果を出すには時間がかかるという間違った認識から抜け出し、あなたが手に入れたいすべてを手にするまでを本書を通してお手伝いします。

さあ、あなたも時短術を始めましょう。

大坪拓摩

時短術　目次

プロローグ　時短の現状

第1章　独立起業の時短術

第4章 常識の壁を超える時短術

第5章 トラブルで成長する時短術

第1章

独立起業の時短術

スピードはきわめて重要だ。
競争力に欠かすことのできない要素である。
スピードがあれば、企業も、従業員も、
いつまでも若さを保てる。

実業家　ジョン・フランシス・ジャック・ウェルチ

1-1 独立起業の問題と問題の本質

誰もが乗り越えた残酷な真実

「毎日一生懸命働いているのに売上が上がらない……」
「働いてばかりで家族や恋人とすごす時間が持てない……」
「ストレスがたまるほど働いているのに満足できない……」
「今のままで平気なのか漠然とした不安に襲われている……」

考えても考えても解決するわけでもないのに、一度火がつくとなかなか止まらないこういった悩みは、誰にでも1つ2つは必ずあります。
セミナーなどを開いていると、色々な方の状況やお話を聞ける機会が多いのでわかるのですが、一生懸命働く方にかぎって、こういった苦しみを抱えやすいようです。

ですが、その悩みは大概当たっています。

私に相談をいただく起業プラスマイナス1年生の方たちの悩みは、大きく2つに分かれます。「マイナスに傾いた事業の回復」か「業績の上がっていない事業の発展」です。

ビジネスの半分は苦戦している

㈱東京商工リサーチが出している企業の調査統計を見てみると、日本の企業の業績などが良くわかるのですが、２０１４年１～12月に新しく設立された法人数は約12万社あるのに対し、同期間で倒産した件数は８％以上（約１万件）あります。

また、倒産を届け出ないまでも休廃業・解散としている企業はその2・8倍もあることや、２０１５年3月決算の動向調査では、赤字企業が22・５％、減益企業が45・５％と、**経営に苦戦している企業が多くある**ということが明らかになっています。

	倒産件数	負債総額
2014年	9,731件	1兆8,740億6,500万円
前年比	▲10.35%	▲32.64%
2013年	1万855件	2兆7,823億4,700万円

月別新設法人

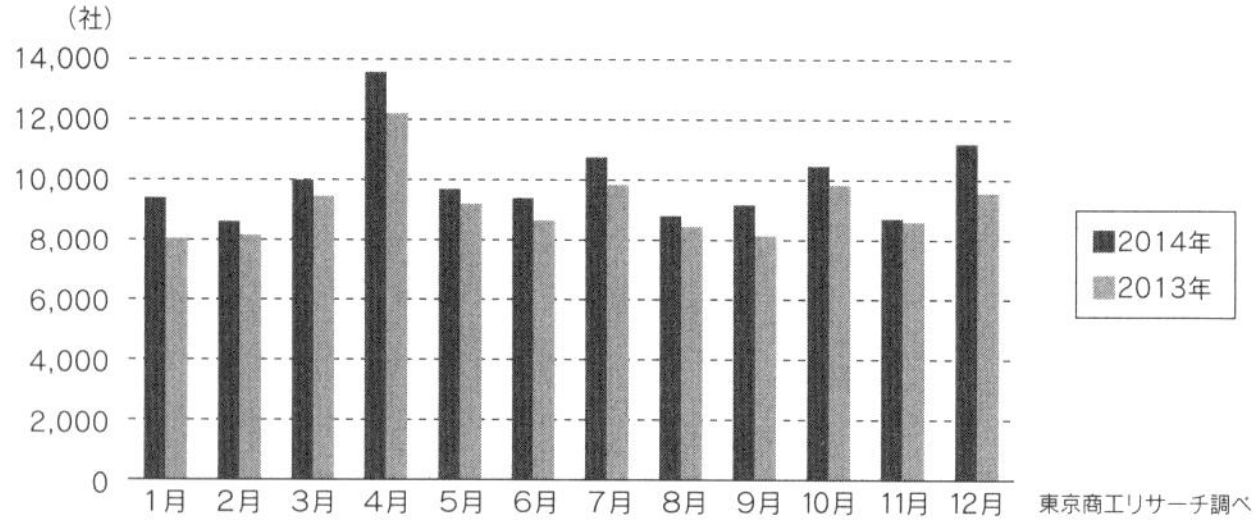

企業倒産年次推移

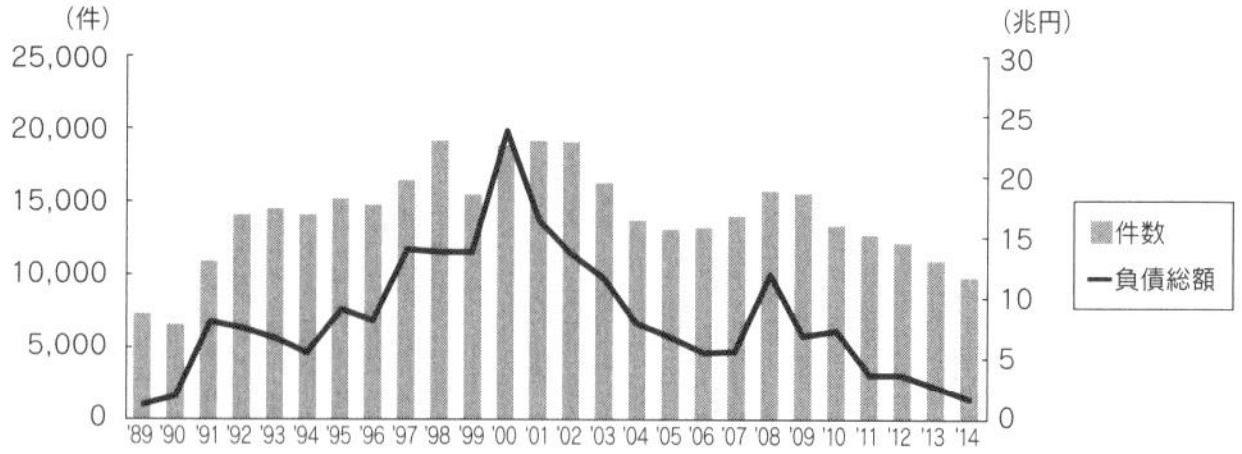

休廃業・解散、倒産件数　年次推移

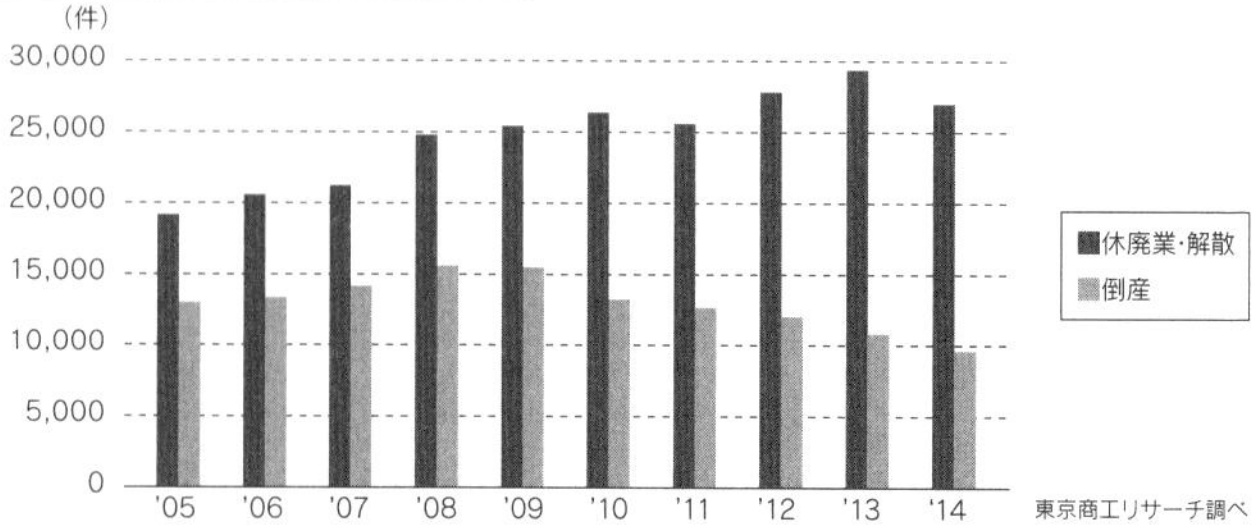

あなたがすでに起業をしていて好業績であれば、自信を持っていただいて良いという証明になりますが、これを初めて見た起業準備中の方は、これが独立起業の現実ということだけは知っておいてください。

そして、**気になる倒産や赤字の原因は？**

中小企業庁が出している倒産状況の統計を見るとわかりますが、２０１４年に倒産した９７３１件のうち、販売不振と答えた経営者が３分の２を超える69％（６７０８件）を占めているようです。

ただ、このアンケートの回答をよく見てみると、「過小資本」「連鎖倒産」「既往のしわよせ」「在庫状態悪化」のどれも、販売が好調であれば問題ないはずなので、**91％以上は販売不振に類する問題**だと考えることもできます。

原因別倒産状況（中小企業庁）

	放漫経営	過少資本	連鎖倒産	既往のしわよせ	信用性の低下	販売不振	売掛金回収難	在庫状態悪化	設備投資過大	その他	合計
2010年	524	664	771	1,042	76	9,962	50	8	94	130	13,321
2011年	522	662	709	1,079	55	9,363	56	7	77	204	12,734
2012年	566	563	712	1,321	48	8,574	48	8	77	207	12,124
2013年	508	526	612	1,372	44	7,468	50	6	71	198	10,855
2014年	484	438	555	1,174	54	6,708	40	7	72	199	9,731

倒産理由の90％近くを占める「販売不振」

販売不振が倒産理由のほとんどということはわかったと思いますが、これだけで終わると、「販売不振って具体的に何だよ」とあなたに思わせてしまうかもしれません。

ですから、もう1つデータを拾って、私たちが避けるべき「販売不振」という重要問題を、もう一段深く掘り下げてみたいと思います。

中小企業庁が三菱ＵＦＪリサーチ＆コンサルティング㈱に委託した「新規市場開拓の売上目標未達成企業が抱える課題」の調査データを見てみましょう。

新規市場開拓の売上目標未達成企業が抱える課題

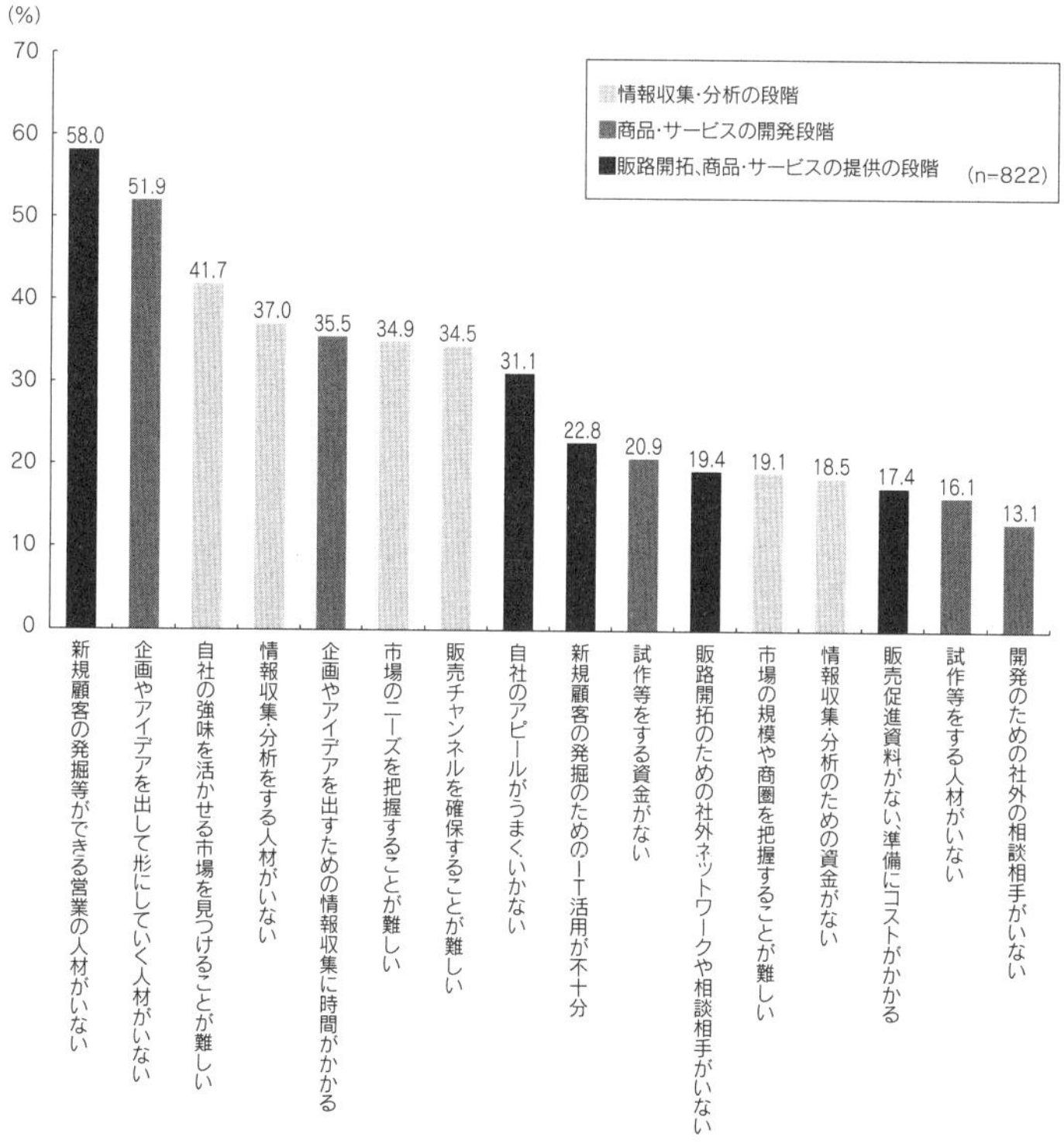

資料：中小企業庁委託『「市場開拓」と「新たな取り組み」に関する調査』
（2014年12月、三菱UFJリサーチ&コンサルティング（株））
※：複数回答のため合計は必ずしも100%にはならない。

1位：新規顧客の発掘等ができる営業の人材がいない……58・0%
2位：企画やアイデアを出して形にしていく人材がいない……51・9%
3位：自社の強みを活かせる市場を見つけることが難しい……41・7%
4位：情報収集・分析をする人材がいない……37・0%
5位：企画やアイデアを出すための情報収集に時間がかかる……35・5%
6位：市場のニーズを把握することが難しい……34・9%
7位：販売チャンネルを確保するのが難しい……34・5%
8位：自社のアピールがうまくいかない……31・1%
9位：新規顧客の発掘のためのITの活用が不十分……22・8%

トップ2つとも過半数を超えてしまっています。

7位までは、3分の1以上の企業が課題として抱えているようです。

もちろん、これらのデータが100%正しいとは私も思っていません。倒産した経営者たちに、「なんで倒産したんですか？　理由を教えてもらえます？」という、意地悪かつサディスティックなアンケートに、全員がまともに答えているとも思えませんし、理由を明確にわかっていたら倒産なんてしないよ、とも思っていますので。

ではなぜ、このデータをあなたに見てもらったのか?

不安をあおり立てるため、ではありません。プロローグでお伝えしたとおり、起業というのはすばらしい選択です。しっかりと行えば、**あなたの収入と時間を同時に自由にできる手段**になります。ですが、あらかじめ多くの企業がぶち当たる壁を知っているか知らないでいるかでは、後々に大きな差を生むからです。

ビジネスには攻略本も裏技もある

今だけ、ビジネスをゲームだと考えてみてください。

このビジネスというゲームは、RPGゲームのようなセーブもリセットも使えません。ひとたび失敗すれば、クソゲーを買ってしまった失敗よりも「財布」「時間」「感情」に大きな痛みを伴います。では、その**痛みを極力受けないようにゲームをクリアする**には、どうしたら良いのでしょうか？

プランA：まず我流でやってみる
プランB：攻略本を買って調べながらやる
プランC：レベルアップを早める裏技を聞いてからやる
プランS：プランBとCの両方を使ってやる

あなたならどのプランを一番に選びますか？
欲張りな私たちは、おそらくプランSを選ぶはずです。自虐的でもないかぎり、「まず我流でやってみる」なんて、ムダなリスクは誰も選ばないと思います。

意外と知られていませんが、ビジネスには攻略本も裏技もあります。
そういうと、今一生懸命に働いているのに結果が出ない人からはクレームをもらいそうですが、実際にどちらも存在します。

統計データ＝すべて無料で読める攻略本

攻略本というのは、先にお見せしたような統計データです。

あのデータは、私たちより先にビジネスに取り組んだ方たちが、つまずいてゲームオーバーになってしまった理由を集めてくれた失敗をもとにした攻略本です。

さっきは一番わかりやすい部分を抽出して、持ってきましたが、引用元のＨＰを見てもらえれば、資本金別・業界別・従業員数別・都道府県別、といった細かい分類をしたデータが見られます。

しかも、何よりスゴいのは、**この攻略本はすべて無料で見られる**ということです。

そして、この攻略本を活用しましょう、ということ自体がすでに時短術の始まりでもあります。何度も繰り返しますが、時短術は「成果を得るまでの時間を短縮するノウハウ」です。

すでにたくさんの起業家が私たちのかわりに失敗をしてわかった、**ゲームオーバーの**

理由を確率の高い順番に整理してあります。そのデータを活用しない手はありません。

先に出した「新規市場開拓の売上目標未達成企業が抱える課題」で30％を超える上から8項目を、あらかじめ対策するだけで、あなたのビジネスは簡単には折れない強固なビジネスに変わります。

次に気になる「裏技」ですが、答えはわかりますよね？

そう、**時短術**です。

時短術は、成功するパターンが無限にもあるビジネスで、すべてのパターンに影響する珍しいノウハウです。わかりやすく例を出します。

・マーケティングを学んでも、マネジメントは変わりません。
・マネジメントを学んでも、セールススキルは変わりません。
・セールススキルを学んでも、プライベートは変わりません。

それぞれに多少変わる部分はあるでしょうが、一石二鳥と言えるほどに大きな影響を与えることは難しいでしょう。

ですが、**時短術は、一石二鳥を可能にします。**どう可能なのか、一緒に一例を見ながら考えてみましょう。

先に出した「販売不振の課題」を例にします。もう忘れかけてしまっているかもしれませんので、もう一度ここに書きます。

1位：新規顧客の発掘等ができる営業の人材がいない……58・0％
2位：企画やアイデアを出して形にしていく人材がいない……51・9％
3位：自社の強みを活かせる市場を見つけることが難しい……41・7％
4位：情報収集・分析をする人材がいない……37・0％
5位：企画やアイデアを出すための情報収集に時間がかかる……35・5％
6位：市場のニーズを把握することが難しい……34・9％
7位：販売チャンネルを確保するのが難しい……34・5％
8位：自社のアピールがうまくいかない……31・1％
9位：新規顧客の発掘のためのＩＴの活用が不十分……22・8％

この項目を見ながら考えていただきたいことがあります。

「人材がいないという悩みは本当に人材が必要だろうか？」
「いざとなればどれも自分でもできるんじゃないか？」
「今できなくても、学べばできるスキルなんじゃないか？」

これについて考えてみてください。あなたも気付くはずです。どの項目も「人材がいない」や「難しい」と言ってますが、どれも解決できることです。

じゃあ、なんでそれができずに毎年約１万社もの会社が倒産していくのか？

それは、時間的にできなかったからです。

問題は問題自身にはなく、解決できない状態こそが問題

「人材がいない」という課題は、**人材を集めるというタスクで解決できます。**人材が本当にいないなんてことは事実ありません。「いない」のではなく、「探していない」か「見

つけられていない」というだけです。

「難しい」「うまくいかない」という課題は、**スキルを学ぶというタスクで解決できます。**どれだけやっても難しいというマーケティングやセールスの壁は事実ありません。「やっていない」か「学んでいない」というだけです。

私たちのレベルが一生低いなんてことはあり得ません。今は解決できない状態かもしれませんが、必ず変えられます。変えるやり方もあります。できなかったのは、レベルアップそのものではなく、レベルアップの時間をつくることです。

レベルアップに必要なのは、レベルアップの時間をつくること

こうやって文章にしてしまえば、当たり前のことです。ですが、今まで多くの人ができずに赤字を抜けられなかったり、果てには倒産してしまったりを繰り返しています。

悩みを抱えた状況でも、サボっていたわけでもないかぎり、あなたが悪かったのではありません。時短を覚える機会がなかっただけです。

ただ、それも今日で終わります。

この本で何度も繰り返している「成果を得るまでの時間を短縮するノウハウ」さえ覚えれば、あなたの時間は変わります。得た時間をビジネスとプライベートの両方に使うのであれば、人生さえも変わります。

次は、私が本書でお伝えする時短術をどうやって得たのか、得るまでのステップを、「学生時代などに見られる気質的な部分」や「企業に勤めるビジネスマン時代に必然性を得た状況」をおさえながら、実際に私が実践している「少ない時間で多くの成果を得る具体的ノウハウ」を順々にお話していきます。

1-2 最速で終わるのんびり屋の行動ルール

タスクはつねに同時進行

たいていの場合、自分が働く横では誰か仲間が働いています。それは、あなたの仕事の生産性を測るうえでとてもありがたいことです。

なぜなら、あなたの仕事が早いかどうか、早いとしたらなぜ早いのかという秘訣が、遅いとしたら何を変えれば早くなれるかという秘訣が、100％の確率で見つかるからです。

たとえば、私が15歳からアルバイトをしていた、日本一有名なハンバーガー屋での経験です。ここで私は、**マルチタスクの効果を体感として得ることができました。**

店舗スタッフはつねにせわしなく「1個やって、次の1個、それが終わったら次の1個」というように、キッチンでもカウンターでも1作業こなすために1往復を必要としています。

つねに狭いスペース内を、まるでアインシュタインが証明したブラウン運動中の原子たちのように、お互いにぶつからない限界速度でバタバタと動きまわります。

ですが、私は彼らと同じタスクの処理方法は取りませんでした。

1往復するときに4個か5個の仕事を終わらせています。休日のランチ時間などのピーク時、ほかのクルーが走りながら仕事をしていても、あまり走ることはしませんでした。

さぼっているように見えるほど動きはゆっくりでも、逆に仕事が早く完遂するんです。

たとえば、見えている範囲で「あのソースと野菜は2、3分後に切れるな」「ポテトはあと30秒したら揚がるな」と観察し、見えていない範囲も「ドリンクの資材は15分前に交換してたから、そろそろ交換時期だな」と推測する。その複数タスクを一度頭の中で整理し、**どうやって最短（できれば1ストローク）で、すべてのタスク（できれば仲間**

のフォローまで）を完了させられるかを考えます。

結果、行動としては、こうなります。

・手元を片付け、冷蔵庫に向かい始めスタート
・ドリンク資材と野菜とソースをすべて一度に出すのに15秒
・ドリンク資材交換を行い、段ボールをたたむのに15秒
・このタイミングでポテトが揚がり塩を振りSML必要分をつくり30秒
・ちょうどソースが切れかかるので、出しておいたソースを戻りがけにすべて交換
・いったんゴミは放置して、野菜も補充
・店舗スタッフ全員分を集めて、自分が出したゴミと一緒に捨てる

これらの作業すべてが1ターム2分ほどで終了します。

1つ1つのタスクをどれだけ超人的なスピードでやっても2分では絶対に終わりません。ですが、このアプローチならバタバタとあせることなく終わらせることができます。

つまり、最速で終わるのんびり屋です。

これら複数のタスクを1つずつ行うほかのスタッフの場合は、まったく同じ内容でも2倍か3倍の時間をかけます。

なぜなら、「まずこれをしよう」とメインを決めたときに、ほかの工程がメインの工程の進捗次第というボトルネックを発生させるからです。

ポテトがそろそろ揚がりそうだとわかれば、30秒間もなんとなく周りをキレイにしながら油の前でスタンバイし、SML必要分をつくったときにはソースと野菜が切れているので、あわてて交換に走ります。そんなサイクルを3、4回繰り返しているうちに、ドリンク資材が切れてバタバタと交換だけを行います。

どちらが効率的で品質にムラなく、安定供給を行えるでしょうか？

もちろん、すべてのタスクを同時進行で行う私のやり方です。その同時進行の時短効果を、私はこの仕事体験から学びました。

1-3 コンプレックスから生まれる独自ノウハウ

「エースになりたい」よりも「汗をかかないレギュラーになりたい」

どんなことにも、おさえるべきポイントというのがあります。それは当然、ビジネスだけにあてはまることではありません。

本書の時短術の考え方がたとえばスポーツではどう役に立つのかという話を、高校サッカーにあてはめて考えてみます。

高校時代はサッカーが好きで、とくにスイーパーというポジションが好きでした。スイーパーはディフェンダーの要とも言われ、守備を強化する責任がありますが、特定選手のマークが必須ではないので、味方がボールを持っているときは自由に動き、攻撃に参加することもできます。

ただ、私の場合は、ほとんど動かない選手でした。

基本的には先ほどのマルチタスクと同じで、複数のことを同時に観察し、ボールと敵味方を含めた選手たち全員の動きを先読みします。

そうすると、自分らが攻めこまれたときも、どこにボールと相手選手が来るかがわかりますから、相手選手が少しだけボールと離れるタイミングに足を置いておけば、自然とボールが奪えます。

たった、これだけでも役に立てるから、私は走りまわって点を獲るストライカーより、このポジションが好きでした。そしてこの考え方・動き方は、サッカーだけでなく、バスケやテニスでも同じでした。

生意気な子どもだったと思われそうなので、補足しておきますが、動くことがきらいだったり、サボり癖があるわけでもありません。

もともと小さいころからコンプレックスに思うほどの汗っかきなので、どんなスポーツでも汗をかくのが恥ずかしいと思っていたんです。

今思えば小さなことですが、子どもにすれば大きな制約条件となっていたわけです。

コンプレックスがノウハウを生み出す

ですが、学生のスポーツでさえ、結果を出さなければ試合には出られません。だから、**制約条件を乗り越える手段として、汗をかかずとも結果を出せる、超効率的な方法が自然と生まれる**んだと思います。

今回は余談として書かせていただきますが、成功する経営者のモチベーションやノウハウというのは、本人に自覚がある場合は深く聞いてみたり、本人に自覚がない場合も深く見ているとわかりますが、コンプレックスがその源泉であることは多くあります。

ですから、あなたも今、何かコンプレックスだと感じることがあったとしたら、もしかしたらそれは、あなたにしか生み出せないノウハウをつくるためのギフトかもしれないということだけお伝えしておきます。

私が過去のコンプレックスなどから生み出した、いかに**最小限の労力で最大限の結果を出すかという発想は、時短術には欠かせないもの**です。ただ、それだけではこの本を通じて、あなたにお伝えできる価値を持つ時短術が生まれるわけはありません。

1-4 時短術はつくるものではなく生まれるもの

時短ノウハウを生み出した背景

ここまでの数ページでお伝えした、「タスクを同時進行で行う効果」と「おさえるべきポイントをおさえる効果」の話は、あくまで時短術を生み出した人間の気質の話です。この気質を持っていただけでは、私が個人で達成した実績や、私の会社がわずか数名しかいないのに、10名以上の会社以上の業績を上げたり、ライバルが2ヶ月かけてつくるウェブサイトを半日で仕上げることができたり、社員教育や研修もなしにメールの文体やクレーム対応業務のクオリティを上げられるほどの時短ノウハウは生まれません。

ではなぜ、本としてあなたに届けられるようなノウハウをつかむことができたのか。

その理由は、この一文で表現できます。

時短術はつくるものではなく生まれるもの

もう一度、定義します。

時短術は「成果を得るまでの時間を短縮するノウハウ」です。ではもし、あなたの仕事で、**絶対に上げなければならない成果があり、割り当てることができる時間が本来必要な時間の3分の1しかないとしたら……**あなたはどうしますか？

自己啓発でよくありますよね。あなたの家族、親戚、友人が一斉にさらわれ、誘拐犯はあなたに言います。「1ヶ月で1億円を用意しなければ、全員をあなたの目の前で1人ずつ殺します」。

あなたは、達成するでしょう。**なぜ、達成できたのでしょうか？**

必然的な理由があるからです。私が時短術を体得することができたのも同じです。その理由は、会社員時代にあります。

４年半で、20年分以上の経験をした

私は大学を3年で中退しました。
そして、スーパーゼネコンで働きました。
そこで働いた４年半はじつに有意義なものでした。

職業は現場監督。勤務時間は月に約４５０時間。定時で帰るサラリーマンなら、１日8時間を１ヶ月に21日、単純計算で１６８時間ですので、私の勤務時間はじつに彼らの3倍にもなります。

大学中退、つまり高卒で入社したので、この会社に入れたのもやる気のみの中途採用枠です。一度入社して、逃げようものなら社会の負け犬になる、最低でも3年は本気で働こうと思っていました。そのおかげかは誰にもわかりませんが、クリスマスになるとイルミネーションがにぎわい、それが終わるとスケートリンクが現れるような、今も東

京都内で最高層のビルを含む複合施設に配属されました。

その結果、まず得られたのは**「これ以上は働けません」というレベルの勤務時間**でした。この職場に配属されたことについて、1ミリの嫌味を含まず本当に心から感謝しています。

勤務時間＝成長時間

建設現場には、建築・設備（設備も電気・空調・衛生の3つに分かれる）・積算・営業・事務・安全管理・品質管理など、それぞれで一人前にもなる仕事がありますが、そのほとんどの業務を兼務させてもらうことになりました。

20年や30年勤務している先輩や上司を見てても、彼らは担当の分野しか経験しない中で、大学中退からのやる気採用とアウトローな勤務時間のおかげで、運良くそのほとんどを身に付けられました。

これは同じ会社員というポジションにいる場合には、すごさが少しはわかってもらえるのではと思いますが、最終的には、クライアントの役員と1対1での商談を金額含めてまかされたり、課長や所長という役のついた上司から意見を求められるようにもなり、休日をいつにするかなどを自分で決められるまでになりました。

給与アップも、通常より3回ほど多くいただくこともできました。

スタート時点は時給にすると、600円を切るレベルでしたが、最終的には一般水準より少し高い給与になりました。同じ業務範囲を行う社員なら年収800万円を超えるレベルなので、中退としては妥当な金額ではあります。

ですが正直に言うと、給与アップなんてものは、あってもなくてもどっちでも良かったと思えるほど、経験と成長をさせてもらえました。

人生を短期的に見ますか、それとも長期的に見ますか？

もし、長期的に見てくれている人であれば、今の給与なんて考えなくても良い。丁稚奉公でも良いから、一流の仕事をさせてもらえる職場に身を置きましょう。一流の経験さえ得ていれば、収入なんて勝手に上がります。

私が起こしたデザイン会社に未経験から入ってくれた社員もそうです。「一人前になるまでは、いくらでも良いから働きたい。技術を身に付けたい」と言って入社しました。ですので、月給10万円という条件で雇い、今は一人前として正当な報酬を毎月受け取っています。

独立すれば案件の質も収入も下がるでしょうが、それでも世の中の個人事業主のデザイナーとしてはやっていけるレベルまで、たった1年で成長することができました。

1分単位の時短より、一生単位の時短

私は時給600円を切ってでも、一流の仕事に就くことで、同年代が誰もたどり着かないレベルで1つの業界を経験しました。

そして、今は一流のクライアントに恵まれ、日本人の3・9%以内に入る収入も得られるようになっています。

前述の社員は、バイトレベルの収入でも良いから、最速で成長できる環境を選択したことにより、良いクライアントと良い関係を持ちながら、同年代のデザイナーと比べても良い状態を得られるようになりました。

どちらの現在値も、過去の状態なしには実現していないと言い切れます。

- **あなたは現在どのような経験を積んでいますか？**
- **その経験を積んだ先、あなたが得たい場所に着くと言い切れますか？**

いきなり、本の後書きのような問いかけになってしまいましたが、これも時短術の1つの例です。

あなたが得たい成功は、1分1秒の節約ではないと思います。この本をここまで読んでくれているなら、あなたが得たい成功は、人生レベルで得られる違いだと思います。

もしそれに同意してくれるのであれば、先の2つの質問について考えてみてください。

あなたも、一生単位で時短できるようになります。

1-5 成功者になる一番早い方法

出会いが人生を変える

「成長できる仕事」と「成長し続けられる仕事」については、簡単に理解していただけたと思いますが、次は「成功者になる方法」についてお話しします。

もしかしたら、見出しタイトルを見て、このページから開いた方もいるんじゃないでしょうか？

あとでつながる話ですので、先にこの一文だけ覚えておいてください。

成功者になる一番早い方法は、人生が変わることをすること
人生を変える一番早い方法は、人生が変わる仕事をすること

これは「出会い」でもあります。

自分自身が現状に満たされていて、社会的にも金銭的にも精神的にも満たされている方を、仮に「成功者」と呼ばせてもらいますが、私が、一緒に組んで仕事を続けている成功者、これまでに会ってきた多くの成功者、TV等で見る成功者のインタビュー映像でも、「ある人との出会いが人生を変えた」という言葉を耳にします。

ある人と出会ったことで自分の人生が変わり成功できた、ということだそうです。

それ自体は、本人が本当だと思うかぎり、本当です。

ただ、その言葉をそのまま鵜呑みにしていたら、メンターとの出会いがない方や、出会っても気付けない方の場合、なかなか人生を変えられないという状態に陥ってしまいます。

ですので、この本を読んでくれているすべての方にも、その成功が訪れるように工夫をしたいと思います。魔法みたいな、もしくは胡散くさいと思う方もいるかもしれませんが、できるので今ここでやります。

あなたも考えてみてください。

前述の成功者たちは、何で成功したのでしょうか？

おもしろい質問ですね、「?」もしくは「……」となってしまう方もいるでしょう。

もう一度聞きます。

前述の成功者たちは、何で成功したのでしょうか？

わかりやすく例を出します。ここは、リズムを大事にしたいところなので、尊敬する先輩たちの名前を敬称抜きで出しますがご了承ください。

・**スティーブ・ジョブズ**は、何で成功したのでしょうか？
・**ウォルト・ディズニー**は、何で成功したのでしょうか？
・**ウォーレン・バフェット**は、何で成功したのでしょうか？

・**アンドリュー・カーネギー**は、何で成功したのでしょうか？
・**ベンジャミン・フランクリン**は、何で成功したのでしょうか？
・**松下幸之助**は、何で成功したのでしょうか？
・**本田宗一郎**は、何で成功したのでしょうか？
・**大倉喜八郎**は、何で成功したのでしょうか？

それぞれ、何か浮かびましたか？

「何だそれ」と思うかもしれませんが、この質問の答えは人それぞれにあって、どれも正解です。何でって、そんなの本人にしかわからないからです。

ここにあげた方たち自身が何で成功したと思うかは、私たち結果しか知らない他人が、どれだけ考えても真実とは違う次元の話だからです。

この質問のおもしろいところは、そんなところにはありません。おもしろいのは、**ほとんどの人が、ビジネスと答える**ということです。電子機器販売、権利販売、金融投資、情報提供、鉄鋼業、印刷業、色々なものを考えてくれたんじゃないでしょうか？

あなたは「成功＝仕事での成功」と思っている

それらに共通するのは、「仕事」ということです。

仕事は、彼らの一部でしかないはずですが、多くの人は**成功者の成功を、仕事での成功ととらえます。**つまり、あなたが「成功したい！」と願うときも、「成功した！　やったぞ！」と思うときも、仕事で成功したときということです。

こう言うと、小説家やスポーツマン、ミュージシャンはどうなんだ、彼らはそういう成功を追ってるわけじゃないだろうと思う人もいるかもしれませんね。

・小説家は成功を、有名な賞を受賞することだと思っています。
・スポーツマンは成功を、メダルを獲得することだと思っています。
・ミュージシャンは成功を、ヒット曲を生み出すことだと思っています。

私たちは、今まで言葉で理解していなかったまでも、成功のイメージをそれぞれ思い描いています。ですが、**その目標が成功を妨げることがあります。**

彼らは各々の分野で目標を設定します。それがかなえば、成功だと思って日々がんばっています。ですが、仕事として食えていなければ満たされずに辞めてしまいます。たとえ、最優秀賞や金メダルを獲得したとしても、**仕事として食べていけなければ、結局続けられない**のです。

なんとなく浮かびませんか?

芥川賞は受賞したけれども、その後は傑作をつくることができず、本人は「あれは過去の栄光だよ」と言うイメージが。

金メダリストになったけれども、奥さんに子どもが生まれて2人を食べさせるために大好きなスポーツを辞めて、会社員として働きながら「あのころは良かったなぁ」と言うイメージが。

間違った目標が、成功を遠くする

こういう話をすると、たまに食ってかかる方もいますが、スポーツ選手の話は、実際に自分の目で見て、話を聞いています。ですから、見たことがない方に比べたら彼らの気持ちをほんの少しは理解できます。

それでも、その話を直接聞いた者としては、「わかります」とは軽はずみに言えないほど、強い悔しさを抱えていることは見ただけで伝わりました。

話を戻しますが、多くの人は成功を「仕事での成功」と思っています。

ですから、先にあげた業界でのゴールはこう変わります。

・出版業界での成功は、収益を上げ続けられる仕事を得ること
・運動業界での成功は、収益を上げ続けられる仕事を得ること
・音楽業界での成功は、収益を上げ続けられる仕事を得ること

それができれば、生活は充実します。子どもが生まれようが何も困らないですし、何か賞を獲りたいな、ほかにもあれに挑戦してみたいなと思えば、何かを犠牲にすることなく、挑戦してみることができます。

正しい目標との出会いが、成功を時短する

冒頭で、「成功者になる一番早い方法」を「出会い」と言いました。
それはメンターとの出会いなどという再現性の低い方法ではなく、誰もが100%必ず出会える**「あなた自身が何を成功と思っているのか」**、あなたの成功の定義との出会いのことです。

あなたがもし、成功の定義を今まで間違っていたとしたら、**今この瞬間に成功までの時間が一気に短縮された**ことにも気付いていただけたでしょうか？

時短のポイント

□ビジネスには攻略本（統計データ）も時短術という裏技もある。時短術は成功のパターンが無限にあるビジネスで、すべてのパターンに影響するノウハウだ。

□レベルアップの時間を時短術でつくれば、解決できない問題はない。

□「あなたは現在どのような経験を積んでいますか？」
「その経験を積んだ先、あなたが得たい場所に着くと言い切れますか？」

人生単位の時短を得たいなら、この2つの質問について真剣に考える。

□あなた自身が何を成功と思っているのか、正しい目標との出会いが成功を時短する。

第2章

自分を磨く時短術

人より1時間よけいに働くことは尊い。
努力である。勤勉である。
だが、今までよりも1時間少なく働いて、
今まで以上の成果をあげることもまた尊い。
そこに人間の働き方の進歩があるのではないだろうか。

実業家　松下幸之助

2-1 人生はすでにスケジュールどおり

「時は金なり」の間違い

独立起業して、自らの人生の責任を背負う私たちにとって、時間というものがどれだけ貴重かは前章でお伝えしたとおりです。そして、時短術の考え方を取り入れるだけで、成功者と呼ばれる**目標に到達する時間があっという間に短縮される**ということも体験していただけたと思います。

何回言っても足りないくらい大事なことなので、改めて申し上げますが、時短術は「成果を得るまでの時間を短縮するノウハウ」です。そして、なぜ時間を短縮しなければならないかと言うと、**「時は金になれるが、金は時になれない」**からです。

このフレーズは、またどこかで繰り返すと思いますが、そのときはしつこいと反応するよりも早く、先読みして自ら口ずさめるようにしておいてください。それができればあなたも自ら時短術をつくり出せるようになります。

改善は理解から始まる

まずはじめに一番簡単な作業からやっていきましょう。

これは、私がマーケティングやデザインの仕事でも利用している普遍的かつ、一番好きな1歩目の踏み出し方です。そして、**重要ポイント「誰にでもできる作業レベル」**も満たしています。その手法の名は……リストアップです。

多少もったいぶりましたが、当たり前ですよね。

今現時点で、時間が足りないと困っている人に対して、いきなり新しいノウハウは教えません。もし教えてしまう人がいたとしたら、その人は指導者やリーダーとしては素人です。なぜなら、困っている人の大半は何に困っていたかを思い出してください。やることが多すぎて困っているんです。ですから、私たちが**一番初めに取り組まなければいけないことは、仕分け**です。

一時期は毎日どのTVでも放送していましたよね。あの人気作業「事業仕分け」を私たちもやりましょう。ですが今回、私たちが対象にするのは同じ予算でも、**お金の予算でなく、時間の予算の見直し**です。

また、何かを改善するときには、PDCA（プラン↓ドゥ↓チェック↓アクト）サイクルを使うという人もたまにいますが、スケジュールにかんして一緒ですが、P（プラン）からではありません。

なぜなら、スケジュールは既にD（ドゥ）に進み、ありがたいことに継続され続けているからです。

今まで改善がされなかったのは、C（チェック）に進んでいなかったからというだけです。

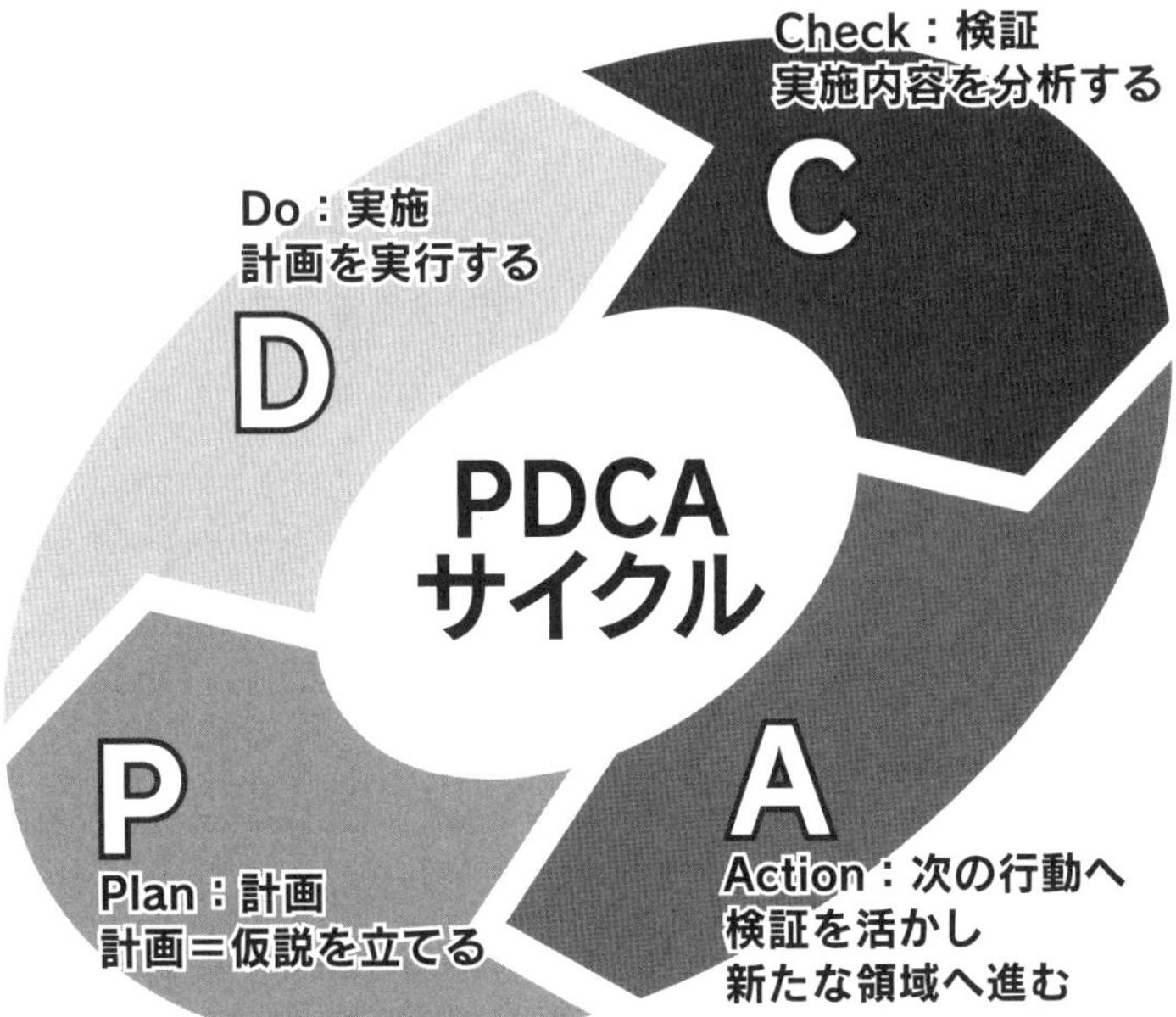
Check：検証
実施内容を分析する
C
Do：実施
計画を実行する
D
PDCA
サイクル
P
Plan：計画
計画＝仮説を立てる
A
Action：次の行動へ
検証を活かし
新たな領域へ進む

時短のＰＤＣＡスタート

まず、ノートとペンを用意します。

どんなノートでもペンでもかまいません。一番良いのは自分のテンションが上がるものですので、私の場合はニーモシネのＡ４ノートとカランダッシュの六角軸ペンを使います。それがない場合は、１００円ショップのものでもかまいません。

リストアップのコツを、３点だけあげておきます。

１　思い出すのは、過去１ヶ月程度の作業でかまわない

「どれくらいのスパンで見直せば良いですか」という質問もよくいただくので、あらかじめ答えておきます。１ヶ月程度でかまいません。

その理由は、３つあります。

①正確性を保つため

1ヶ月以上過去の話を思い出そうとすれば、難易度が上がってしまいます。難易度が上がれば、当然正確でなくなる率が上がってしまうので、正確性を保つために1ヶ月程度にします。

②ムダな重複を減らすため

この作業は、しっかり書き出せば書き出すほど、振り返るスパンが長ければ長いほど、重複する項目が増えます。だからルーティンの見直しにも効果があるのですが、あまり多く重複しても効果は変わりませんので、1ヶ月程度で十分と言えます。

③リストアップも時短するため

この作業自体も時短意識で取り組んでいただきたいので、「1ヶ月くらいならすぐ終わるだろう」と気負わずできる期間で考えています。サクッと終わらせられる簡単な作業で、大きな効果を得る時短思考をここでも活かしてください。

2　スケジュール帳を見ながら行う

なんの手がかりもなしに1ヶ月のタスクを振り返るのは、誰にとっても難しい作業になってしまいます。ですので、スケジュール帳、過去のレシート、ウェブブラウザの履歴など、断片的にでもあなたの行動ログを垣間見れる手がかりを横に開きながらリストアップを行うことをおすすめします。

3　大きすぎるものは小さくちぎって書き出す

チャンクという概念をご存じでしょうか？

ミラー博士というアメリカの心理学者が出した人間が物事を認知する際の情報の塊の話なのですが、ここで行うリストアップでは1項目が15〜30分程度の大きさになるよう、チャンクを調整してください。

具体的にどういうことかというと、ＰＣのフォルダ整理に近いイメージです。

色々なお客さんと取引をしていると、「クライアント名」のフォルダがあると思いますが、その1フォルダに全ファイルを投げ入れるなんてことはしないはずです。

必ず、「見積書・請求書」「受領資料」「納品データ」のように分かれていると思います。

こういったチャンク分けをここでも行ってください。

逆にチャンク分けができていない人を想像するとすぐわかりますが、リストアップして、「仕事」「プライベート」とだけ書かれたリストを持って来たら、あなたも「これじゃあ役に立たないでしょう」と思いますよね？

ですから、1項目が15〜30分程度になるようにサイズ調整してください。

チャンク比較表

<table>
<tr><th>適正なチャンク</th><th>大きすぎるチャンク</th></tr>
<tr><td>アポ取り
疑問投げかけ
スケジュール調整</td><td rowspan="3">A社関連の仕事

プレゼン作成</td></tr>
<tr><td>プレゼン作成</td></tr>
<tr><td>見積書作成
資料調べ</td></tr>
<tr><td>スタッフ定例会議</td><td rowspan="3">社内業務

打ち合わせ等</td></tr>
<tr><td>書類仕事
請求書、見積書作成</td></tr>
<tr><td>社員面接</td></tr>
</table>

このリストアップによって何が変わるのかと言うと、色々ありますが、**とくに変わるのは「自覚」**です。

「毎日、スタッフよりも早く出社して、一番最後まで必死に仕事している」と言うと、いかにも大量の仕事をこなしているように聞こえますが、本来これだけでは本当に仕事をしているのかは不明なはずです。

だってスタッフにも言いますよね？

「長く働くだけじゃダメだぞ 何をやったかが大事なんだ」

そうです。だから、あなたも書き出すんです。スタッフに言うより先にやりましょう。

すべて書き出してみると「山のようにある」と思っていた仕事でさえ、「ん……こんだけ？」もしくは「あれ……金になってない？」ということに気付くことが多いです。

すでに年収1億円を超えている方でもなければ、これだけでも意識が変わります。逆にこれをやって大丈夫と思うのであれば、成長が止まっている可能性がありますので注意してください。

この本は主に、起業プラスマイナス1年生のための本ですので、あなたが「仕事」と言うからには、その仕事は収益に効果を持っていなければいけません。

前のページの「長く働くではなく、何をやったか」ですね。

では、「何か」とは「何か」もせっかくなので、少し解説します。

これまで多くの仕事術の本では、「効率・効率・効率」と1タスクをどれだけ効率よくこなすかについていを語っていました。なぜなら、効率よく働けば完了済みのタスクが山のように積み上がり、「たくさん仕事できました！」という充実感が得られてしまったからです。

でも考えてみてください。

1タスクの価値はすべて平等ですか？

そんなわけないですよね。でなければ世の中の人を見て、労働時間が少なくても所得が高い人の説明ができません。

もっとわかりやすく、極端な例を1つあげます。

Aさんは毎日一生懸命です。朝から晩までせっせと働きます。仕事仲間のフォローも一生懸命ですが、正直疲れています。

なぜなら、毎日30種類以上の書類整理、取引先から毎日2種類以上もあがってくる商品サンプルの品質チェック、毎日100通以上のメール対応、ほかにも数えきれないくらいタスクリストが埋まっていますが、年収は300万円です。

Bさんは毎晩一生懸命です。一生懸命なのは、晩だけです。朝から夕方までは家でTVかPCを見ています。なかなか疲れません。

それどころか毎日が気楽そうです。タスクリストも埋まらないほど、月に数回の飲み会を開くだけですが、毎月必ず新規案件を成立させ、年収は3000万円を超えます。

効率のみの積み上げ＝罪上げ

実際にこのようなことは起こっています。

私は、Aさんよりたくさん働いて年収120万円を切る起業家を知っています。逆にBさんより働かずに年収5000万円を超える起業家も知っています。

すでにお気付きのとおり、仕事はなんでも積み上げたら良いというのは幻想です。ゴールにたどり着けない幻想は捨てなければいけません。

「Aさん一生懸命がんばってるのに可哀想」、そう思って良いですが、なってはいけません。

見た目はたくさん働いているように見えますが、お菓子でいうところの綿菓子みたいなものです。中身は小さじ1杯のザラメです。

たいへんだと感じる気持ちもわかります。

だって私もそうだったから。だからハッキリ言いますが、「やってもやらなくても問題にならない仕事」「やってもやっても収益にならない仕事」はやらなくていい。

私たち起業家にはやるべきことがある。

夢を持つこと、かなえること、やるべきことをやることです。

それを逃して、やるべきことをできないのは罪です。

その罪の被害者はあなたです

夢だけ見せられて、かなえられないスケジュールで「かなえられなかったなぁ」とされたら、あなたが気の毒です。第1章でも申し上げましたが、私がこの本を通して得ていただきたいことの1つに、**「可能性100%の状態」**があります。

今の人生で、もし、不満があるとしても、それは予定どおりです。

先ほどのチェックリストに、第1章で見つけた「正しい目標」につながるクリティカルなタスクが書いてないからです。**人生はすでにスケジュールどおりです。**あなたが過去に組んだスケジュールに沿って進んでいます。

この本をここまで読んでくれている勤勉なあなたにはあてはまらないでしょうが、世の中には、人生に何も計画を入れておらず、うまくいかない、親が悪い、○○が悪い、果ては社会が悪いと言う人がいますが違います。

無計画を計画していた彼らが悪いんです。

ここは日本です。拉致されることも、学校が爆撃されることもありません。誰も私たちを邪魔しません。むしろ無関心のほうが多いです。

話を戻しますが、あなたはあなたの成功を計画しても、誰も邪魔しません。

もし、邪魔をするものがあるとすれば、「無計画なスケジュール」と、そこから日々生まれる「ムダなタスク」です。

成功を時短しましょう。先ほどのチェックリストを開いて仕分けます。

・すぐに止めるべきもの

・止めるべきもの
・続けるべきもの
・足すべきもの
・学ぶべきもの

たったこれだけの作業です。

たったこれだけをそのまま文章にしたら半数以上の人が取り組まずに終わるので、価値を理解していただくために色々な話をしました。一応おさらいをしておきますが、**やることはシンプルに2つだけ**です。

1　リストアップ
2　リストチェック

以上の2つを本書を読み終え次第、もしくは今すぐのタイミングでぜひやっていただければと思います。

2-2
現在進行のスケジュール時短

誰もが気付かない「時長」にはまっている

先にお伝えしたノウハウは最近を振り返り、時短という観点から一気に仕分けを行い、「あなたとあなたの目標の距離を測り、ルート短縮する」というノウハウでした。

このパートでは、それだけでは測れない部分、あなたにとって当たり前になりすぎている**「時長部分」**をあぶり出す作業です。これも、**重要ポイント「誰にでもできる作業レベル」**も満たしています。

やり方はとっても簡単、ノートとペンをデスクの横に置き、いつもどおりの仕事をしましょう。ただ、いつもと1点だけ違うことがあります。15分おきに、「この15分で何をしたか」を横に置いたノートに書き出し続けてもらうことです。

自分は本当に仕事をしてるのか、真実を浮き彫りにする方法

人によってはタイマーを使ってもかまいません。お洒落な砂時計でもかまいません。私は金の砂が落ちる砂時計を好きで使っていますが、時間が地味に減り続ける過程をビジュアルで得られるので、砂時計はオススメです。

その枠の中に、どんな仕事をしていたのか、すべて記録していきます。

このノウハウにかんしては、今「さあやりましょう」というものではないのと、読書をする方の70％以上は自宅のリビングという調査結果がありますので、まずはやり方を確認していただき、翌営業日から取り組んでいただければと思います。

先に注意しておきますが、記録の付け方に困って、時間がなくなりましたとなったのでは本末転倒ですので、何をやったかがわかるレベルで簡単に記録しましょう。

ですから、5秒で記録できるレベルにしましょう。それくらい簡単でかまいません。

あなたが毎日12時間だけ仕事をしているとすれば、15分ごとの記録でもトータルで5秒×48回＝「4分」の追加作業になります。


自分で計算してビックリしたので、もう一度言います。

たった「4分」の追加作業

これだけで、成功の時短ができるならやらない理由はないですね。

5秒で書けるレベルの書き方でかまいません。15分を超える大きなタスクであれば「〇〇％完了」や、1つ数分の小さなタスクであれば「〇〇件完了」と記録しましょう。

必要なかったかもしれませんが、わからなかったら明日困ってしまうので、サンプルを列記しておきます。これを参考としてください。

……などなど、本当にこの程度でかまわないので、記録をつけてください。

5秒記録法のサンプル

- メール返信3通
- 佐藤さん電話（打合せ日程設定）
- 濱田さん打合せ（ローンチ企画）
- 外注完了タスク検収
- ブログ/記事アップ
- メルマガ/本執筆
- 契約書類確認＋押印
- ネットサーフィン（成果あり）
- ネットサーフィン（成果なし）
- 読書「時短術」/15～58頁
- ブログヘッダー作成70％
- EC用バナー3個
- 山本さんスカイプ（プロモ内容）

そうすると、本当に新しい気付きがあります。そして、その気付きはあなたの働き方を変えるインパクトを持つほどに大きなものです。

どんなインパクトがあるかは、あなた自身に気付いてほしいので、ここではあまり言いたくはないのですが、４つほどガイドをお渡ししておきます。

「5秒記録法」が人生にもたらすメリット

1　ムダが確信レベルで見える

これは一番ビックリすると思います。15分単位で仕事のログを取ってみると、今まで**自覚していなかったある事実が浮き彫り**になります。それは、何も書けない時間があるということです。

仕事のログを取るだけなのに、何も書けないって「大坪さん、どういうこと？」と思ったかもしれません。

だからビックリするんです。仕事をしているはずなのに、何も書けないビックリです。

説明されたくはないと思いますが、説明します。その事実が意味するのは、**15分間もの間、何もやってなかったという事実**です。

これをやると私と同様に悲しくなるでしょうが、やらないともっと悲しい事実が知らないところで進んでいたということなので、ぜひこのビックリを楽しんでください。

2　体が今の4倍、勝手に動く

このノウハウを使うと、「パーキンソンの法則」が働きます。この法則の話をするだけで、1冊本が書けてしまうくらいの内容なんですが、この本の目的は私の知識自慢ではなく、あなたの時短ですので詳細は割愛します。

端的に表現すれば、あなたは**色々なタスクを15分で終わらせたくなる**ということです。時間意識のある起業家であれば、おおかた1時間をめどに色々なタスクを進行していています。

打ち合わせも終わりにさしかかり時計を見たら、あと10分でちょうど1時間、そんなときは残り10分で片付けたくなりますよね。理由は、パーキンソンの法則ももちろんあるんですが、普段の予定の組み方にもあります。

あなたは予定を入れるとき、「〇〇時〜」としたことはありますか？

ありますよね。むしろいつもそうでしょう。その習慣を持っていると、あなたの脳は1時間を1コマとして考えるようにしつけられます。

そのキリの良いコマを守れないのは無意識下で不快と感じる部分があるので、1コマを超えないように収めようと勝手に動きます。この**「勝手に動きます」は超重要**です。

「あなたは努力しなくても良いんです！」と言い切ると語弊があるので言いませんが、時間のコマに合わせてキリ良く上げるということに補助ブースターが付いたということです。

1時間枠でコマ設定をしている人は「1日24コマ」で生きています。

15分枠でコマを設定している人は「1日96コマ」で生きています。**これが4倍速で結**

果を出す秘訣です。

3　ムダ時間に先手が打てる

この5秒記録法を習慣にしていくと、おもしろい変化が生まれます。

はじめのうちは15分が経過するたびに、「今やったことは……」と考えて記録するようになりますが、1週間もするとそのサイクルが変わります。仕事をしている間ずっと、「今何やってんだろう?」と自問自答するようになります。

こうなる理由は、たった5秒でも記録をすることに脳が面倒さを覚えて時短するということと、**あなたの時間意識がすでに上がった**ということがあります。

はじめのうちはムダな15分を経験したあとで、「また、つまらぬ時間をすごしてしまった」と決め台詞が出てくるんですが、そのうち2、3分のネットサーフィンをしているだけでも、**あなたの脳内に警備員が現れ、「それは私の成功につながっているでしょうか?」と聞いてくる**ようになります。

仕事中にフェイスブックを開いて、なんとなく時間をムダにしたなという経験のある方は絶対にやってください。

グローバルなデータで恐縮ですが、フェイスブックの平均利用時間は6時間を超えているそうです。日本人のＳＮＳで費やす時間の量は年々おどろくほどに増加しています。今は日本でも3時間程度らしいですが、いずれ日本も6時間を超えていくかもしれません。

もちろんＳＮＳの時間をムダとは言いません。

考えてほしいのは、あなたがＳＮＳを一生見続けた場合、それであなたは成功できるのか、**ネットサーフィンと成功の因果関係**です。時間のムダかどうかはあなたが決めてください。

4　集中力がアップする

15分サイクルで仕事に取り組むようになると、今まで仕事に集中できなかった方が集中できるようになります。正確に言うとちょっと違うのですが、こういうことです。もともと集中力のスイッチを自由自在に変えられる方であれば、もともとのコマ設定が1日でも、むしろゼロでもある程度はうまくいきます。

ですが、60分でさえも集中力を維持することが難しい方であれば、この15分サイクルを取り入れることで、1コマまるまる集中できたという成功体験が生まれます。

まず、「15分だけがんばってみよう」と**集中へのハードルが下がります。**

すぐに見える期限ですので、フルマラソンのように残り何キロあるかわからないつらさはありません。TVの1コマにさえ満たない時間だからこそ、今までダメだった人でさえ、やってみようと思えるんです。

実際に15分だけ集中してみるというのはとても簡単です。

だから、結果として、「フルに集中できた！」「これが集中か！」「集中って気持ち良い！」というように、マイナス側に付いていたアンカーが、**成功体験によってプラスのアンカーに付け替えられる**ということが起こります。

5　仕事スピードがアップする

「中だるみの法則」というのをご存じですか？

今初めて書いてみた法則なので、おそらく誰も知らないはずです。

「夏休みの宿題理論」というのを聞いたことはありますか？

今初めて言ってみた理論なので、おそらく誰も知らないはずです。

ですが、この2つのタイトルを見たらなんとなくわかるはずです。

そうです。私たちはなぜかいつも、初めか最後にしか動かないという習慣の問題にかんすることです。

2つ目のメリットでお伝えした「パーキンソンの法則」と似ています。学問的な話を知りたいなら、クレペリン教授の研究結果などを調べてみてください。

あなたが時短術を試すときは、適用されないと思っているのですが、**「人間が作業に取り組むときは、最初と最後だけ大きくなる」**という自然発生的なルールが存在します。

むしろ等速直線運動のほうが不自然なので、仕方ありません。

逆に、最初と最後だけが生産性が上がることに感謝しましょう。

なぜなら、中間の時間は多くしようと思っても、急な電話や来客などのトラブル的制約条件が生まれやすいのに対し、**最初と最後はいくらでも自分でつくれる**からです。

また、何かに取り組むときに必ず期限を設けろというのは聞いたことがあると思います。「夢に日付を入れればかなう」という言葉もありますが、それでかなうなら誰でもかなって、日本には不景気というものが存在していません。

ですので、この言葉を聞こえが良いだけの言葉ではなく、実践しましょう。

コツは、**夢をタスクに変えて、日付を自由入力欄から15分刻みに変える**ことです。そう、15分1コマで考えれば、15分に一度必ず期限が訪れます。

そして、そこに入れるタスクが前章で考えたとおり、夢につながるものに変わっていれば、**「夢に日付を入れるより、早くかなう」**ということが起こります。

2-3 最適な休憩時間

休みすぎか、休まなさすぎ

休憩をとることは重要です。ここまでは、いかに質を高く、速度を速くタスクを完了させるか、それによって、どれだけ目標達成までの時間を短縮するかというオフェンス的な話をしました。

ただ、人間も動物です。自然界の創造物です。必ず、「動」と「静」で成り立ちます。

ここまでは、すごく平淡に表現すると、「ものすごい勢いで色々やりましょう」という話をしています。

では、自然なバランスを保つために、次にあなたに必要なものはなんでしょうか？

集中を続ければ体は疲れますが、休憩を続けることでも体は疲れます。寝すぎた日の朝は体がダルくなるのは、休みすぎというサインです。

「適度に休みましょう」ということです。文章ではとても簡単に言えますが、実際にこれをできている人はどれだけいるでしょうか、ということです。

多くの人は**「休みが多すぎ」**か**「休みが少なすぎ」**です。

では、何分が最適な休憩時間なのか？

それは15分です。1コマの間に収めてください。

バランスとして良いと思われるのは、**「仕事45分・休憩15分」のサイクル**です。つまり、動静のバランスで言えば、3対1です。

いくら15分サイクルが集中に使えるとはいえ、15分の成功体験を積んで慣れてくれば、**45分の集中もできるようになります。**そのレベルまで上がれば、15分ごとに切る必要もありません。

自分で90分の集中がちょうど良いと感じるのであれば、「仕事90分・休憩15分」のサイクルでもかまいません。

そういった**フレキシブルさとガイドラインとしての使い勝手を考慮して15分サイクル**に行き着いています。

一応この本を書くにあたり、自分の実践している休憩方法以外で、最適な休憩スキルはないかと調べていたところ、アメリカのニュースで「生産性の高い10%の人々は、52分間の仕事時間で、成果を上げることに専念し、タスクを遂行します。そして、17分間の休憩時間は、一切の作業に触れないようにします」という記事を見つけました。

これにピンと来る方は、このサイクルでも良いですが、これらの数値は全体の平均値であることや、イレギュラーやトラブルへの耐性に欠ける点、69分サイクルという汎用性に欠ける点から、やはり15分サイクルのほうがおすすめできます。

集中は続かないのが自然です

また、普段からゾーンやフローなどの集中力トレーニングでもしていないかぎり、はじめから1日ずっと集中した状態を持続するなんてことはできません。

そんなことができますなんて本があったら教えてください。

確実にウソです。

もし再現性高く実現できる手段が見つかった際は教えてください。報酬をお支払いしたうえで、私も素直に習いたいと思います。


まずは、15分一区切りで時間をとらえなおし、今の自分が持続できるコマ数がどれくらいなのか測ってみましょう。

そして、あなたにとって一番バランスが良い仕事と休憩のサイクルを見つけましょう。

あとは、そのサイクルを積み重ねるだけで、**あなただけの最高の時短サイクルが完成します。**


ここまでで、15分1コマのお話は完了です。

「集中する時間」と「休息する時間」を15分刻みで設定することで、**根性論や精神論でない生産性アップ**が誰にでも実現できるはずです。

2-4

付箋仕事術でロスタイム削減

あなたも仕事でこんなタイミングありませんか？

紙を使った時短術を最後にもう1つお見せします。

これは、私が会社員時代に3倍の労働時間で**5、6人分の仕事をさばくために生まれたタスク管理方法**の1つです。これもやることはいたって簡単なことですが、結果から理解できるとおり効果はバツグンです。

具体的に何が一番良いかと言うと、仕事のロスタイムがほぼゼロになるということです。

・朝、出社した。

「さて、今日は何からやろうかな？」と考える時間
・1つタスクが完了した。
「さて、次は何をやろうかな？」と考える時間
・営業から帰社した。
「さて、残り時間は何をやろうかな？」と考える時間

どれか思い当たるものはありますか？

ない方は喜んでください。あなたはタスク間のロスタイム削減をすでに実践レベルで習得できています。このパートを読み飛ばし次のパート「1時間で終わらせるか、8時間かけるのか」に進んでください。

ある方は良かったです。あなたも喜んでください。なぜなら、このパートにある「ロスタイム見える化削減術」で、**ロスタイムをかぎりなくゼロになるまで削減することができる**からです。

コスト50銭、超優良ノウハウ

誰もが今すぐ知りたいと思うこのノウハウに必要なもの、それは「付箋2枚」だけ。最近は付箋も100円ショップで売っていますので、かかる経費は1日50銭くらいですね。何かを我慢することなく始められます。

サイズは好みでかまいませんが、ある程度の大きさがないと書きたいことが書けないので、大き目の付箋を用意しましょう。

参考として書いておくと、現場監督時代は、50ミリ×75ミリのサイズを使っていました。今は、75ミリ×75ミリを使っています。

前のサイズもちょうどピッタリで好きだったんですが、今はデスクの大きさが1・5倍くらいになったので、付箋も1・5倍に成長しました。

先にやり方を端的に説明して、そのあとで詳細に解説していきます。

1　設置方法

付箋を2枚取り、デスクに横に並べて貼ります。

私の場合はノートPCの右手側、ペンが自然と来る位置です。

2　記入内容

付箋2枚に書く内容は同じです。

その日1日でやりたいすべてのタスクを書いてください。

1枚は今日のタスク、もう1枚は明日のタスクです。

記入するときは敬称を省きますし、使いたければオリジナルの隠語を使って（チェックをCと表記する等）略しても良いです。理由はいくつもあります

記入例

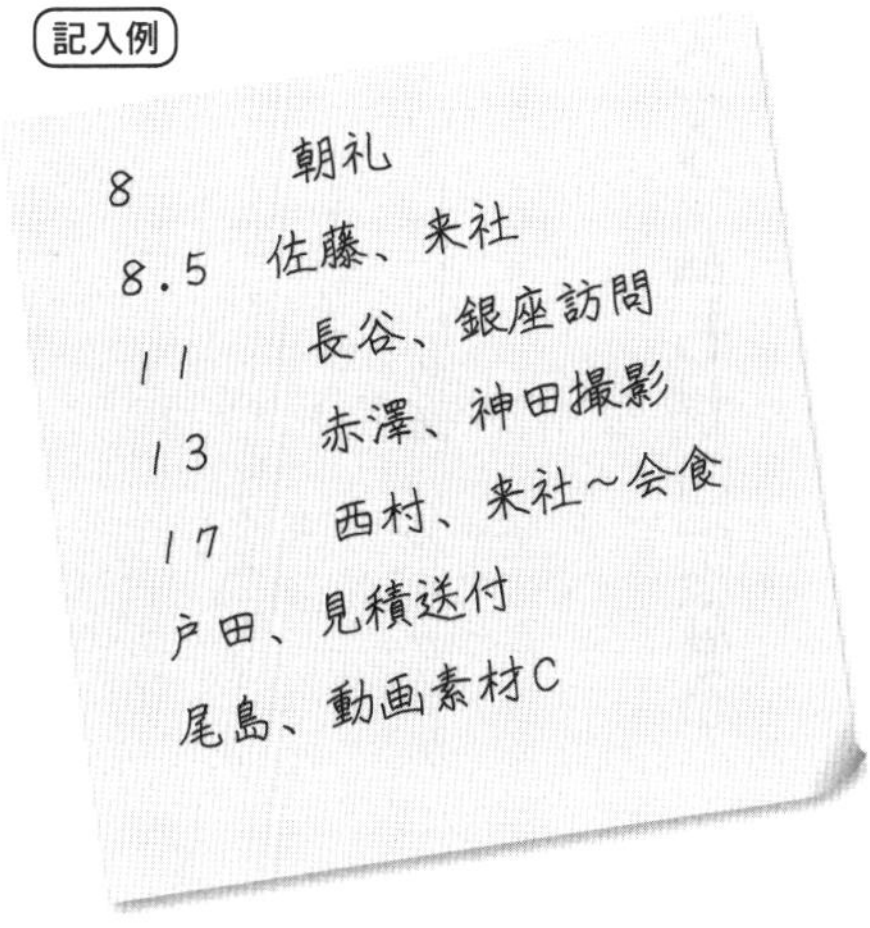

が、スペースの都合、毎回書く時間の削減、見せないから、です。

時間のついていないものは、その日のどこかで処理しようと決めているタスクです。明日やろうと決めたタスクは「明日の付箋」に書き足していきます。

説明しなくても、試しにやってみたらわかりますが、この方法には多数のメリットがあります。

ムダな自問自答がゼロになり、翌朝のロスタイムもゼロになる

仕事をしていれば、自然とタスクは増えます。それはふつうです。

ではなぜ、多くのビジネスマンが、そのふつうに押しつぶされそうになるかということですが、それは主に自問自答のストレスが原因です。

ためてあるタスクのメモ書きや、ToDoリストを見て、同じタスクに「これはいつやるんだっけ?」と何度も自問自答してしまったことがある方はよくわかるはずです。

タスクの順番待ちが多すぎると不安にかられてしまい、打ち合わせ中に「このあとは何をやらないといけないんだ？」ということに思考を割かれてしまい、良い打ち合わせにはなりませんし、時間をいただいた相手にも失礼することになってしまいます。

増えたタスクをいつやるか、処理するタイミングの決定を先延ばしにしてしまったことで、タスクを思い出すたびに同じ自問自答を繰り返すことになる。

そんな小さな自問自答でさえ、脳はエネルギーを消費しますから、それを繰り返す間に、脳がストレスを蓄積するという事態を引き起こすわけです。

それを回避するためには、タスクが増えたときに処理するタイミングを決める必要があります。今日やるタスクなら「今日の付箋」に書いて、明日やるタスクなら「明日の付箋」に書きましょう。

それをすると、なんということでしょう。今まで**止められなかったムダな自問自答がゼロ**になったではありませんか。

そしてこれも、**明日になれば100％わかるメリット**ですが、翌朝出社したときに、昨日までは「さて何するかな?」だったのが、「さてコレやるか!」と、タスクの**実行順序に迷うロスタイムもゼロ**になるんです。

今日を終わるときには翌日のタスクが自然と決まる時短術、さっそく試してみたくなりませんか?

付箋でしか得られないメリット

この付箋という発明は、本当にすぐれものです。すぐれものすぎて付箋の市場規模は100億円近くあったりします。

年商100億円以上の事業規模でないかぎり、私たちの社会への価値提供レベルは、付箋に追いつけていないということです。付箋さんと敬称をつけるに相応しいレベルですね。

ということで、ノートではなく付箋を使うメリットですが、まず1つは、仕事量のコントロールにあります。

1日の時間はかぎられています。付箋1枚のスペースもかぎられています。付箋1枚に書ききれないほどのタスクであれば、**そもそも1日では終わる量ではない、ということが把握できる**ようになります。

終わらないと把握できたタスクたちはどこへ行くのか？

もちろん外出していなくなったり……しません。結局、翌日の翌日の付箋に繰り越します。1日や2日の繰り越しなら問題ありませんが、それが3日以上継続するようであれば、すでにキャパシティーオーバーです。

いずれ超えられないデッドラインを迎え、文字どおりデッドを迎えます。

トラブルやクレームを未然に回避するため、キャパシティーオーバーを未然に防ぐため、**タスクコントロールを視覚的にできる**よう付箋を使います。

これが使うツールを付箋にする理由です。あなたも「付箋サイズに収まるタスク＝自分でコントロールできるタスク」という認識で仕事管理を行い、生産性を簡単にアップすることができます。

あとは小さなメリットですが、すぎた日をノートに貼るだけで行動ログが一覧にできたり、外出する際に財布・携帯・手帳のいずれかに貼って出ればいつでも確認できたり、仕事術的なメリットも享受できます。

あなたも**メリットだらけで、今すぐ実践可能な「付箋仕事術」**を明日から取り入れてみてください。

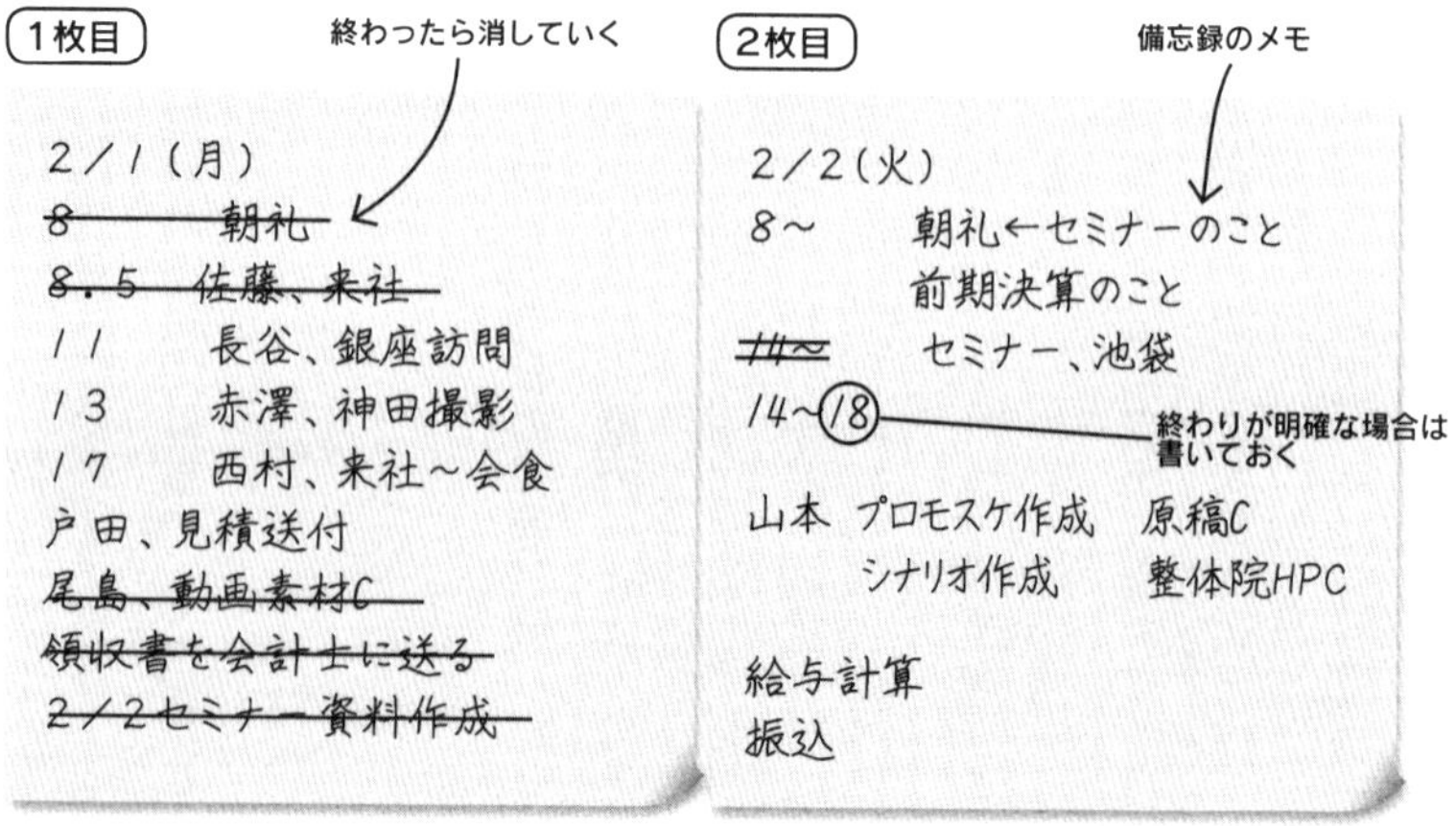

2-5 仕事は、1時間でも8時間でも終わる

仕事にかける時間をコミットする

あなたは何時から何時までを自分の定時に設定していますか？

私の周りには、一般的な会社員と同様に、9時から18時を定時とする社長や、朝の4時から8時までだけを働く時間としている猛者もいます。

ちなみに、私の会社は8時から17時で、私自身は週7日、24時間が仕事の時間だと思っています。そして、決まった休日というものもありません。

なぜなら、取引先が休む休日のほうが仕事もはかどり、あえて土日祝に仕事をしたいと思うからです。その分、いつでも休んで良いのがルールです。

起業家にとって、何時から何時までが定時、という考え方は必要ないかもしれません。

しかし、仮に今日やるべき仕事がいくつかあったとして、「今日のうちにやれば大丈夫だから、どこかでやろう」という仕事の〆切りの設定はしていません。

残業するという概念は持ち合わせていませんが、いつまでも「仕事」に時間をかけていいとは考えていないからです。

私は、**「この仕事は○○分でできそう」**と自分自身であたりを付けてから仕事に取りかかることにしています。つまり**仕事の〆切り時間を自分で設定**しているのです。

試してみるとわかるのですが、ただなんとなく仕事を始めるのと、「この仕事は30分で仕上げる」と自分自身に〆切りを設けるのでは大きな違いが生まれます。

実際に〆切りを設定するだけで意識は変わり、これまで8時間かけていた仕事を、2時間で終わらせることさえできるようになります。

〆切りを決めるうえで必要な作業時間ですが、それは過去の経験値から算出します。

また、未経験の仕事にかんしては、過去にやったことのある似た作業から推測して設定しましょう。この想定ははずれてもかまいません。

大事なことは、**自分で決めた時間内で仕事を形にする**という意識です。

とは言うものの、私にも「気付いたら何時間も経っていた……」なんてことはいまだにあります。

たとえば、オフィスで掃除をしていて、ふと本棚に目が行ったとき「この本の並び、気にくわん！」と思い、予定にはなかった本の並び替え作業を始めてしまうことがあります。

それはそれで合理的な配置、見やすく手に取りやすい配置にするという効果もありますが、「掃除をする」という本来のタスクを忘れてしまい、平気で1時間以上かけてしまうことがあります。

休日であればかまわない時間の使い方ですが、仕事中ですので、「いつのまにか何時間もかけていた」などという、〆切り意識のないタイムマネジメントになるのは、良いことではありません。

こういった予想外の時間の浪費も、あらかじめ完了時間を意識しておけば回避することが可能です。

2ケ月仕事が2時間で終わった話

もう1つ、私の経験から例を出したいと思います。

ウェブプロモーションの案件で、クライアントからの素材データが大幅に遅れたにもかかわらず、ホームページ公開スケジュールは動かせないというシチュエーションです。しかも、遅れ具合もなみはずれていて、「あと2時間しかない！」という状況です。

こういった状況の場合、あなたならどうするでしょうか？

ウェブプロモーションですので、関係者はクライアントだけではありませんから、失敗すれば倍々の迷惑がかかり、二度と同様のプロモーションができなくなります。つまり、あきらめてはいけない状況です。

自分が自分にかけた言葉はこうです。

「死んでもやれ」

もう、ほかのデザイナーが2ヶ月かかる案件とか関係ない、2時間で完成させよう。クライアントが90%以上悪いけど、このクライアントと組んだ自分も悪い。せめて、関係者には飛び火しないように自分ですべてカバーしてしまおうと決意して、実際に公開時間3分前に仕上げたことがあります。

通常なら2ヶ月かかるものを2時間で仕上げたということは、720倍の制作スピードということになります。

これは極端な事例かつ、ほかのデザイナーには真似が難しいことでしょうが、ホームページ制作を1日で終わらせることは可能です。

もちろん、このやり方には独自の手法もあっての短時間制作ですが、極限まで追い込まれて絞り出す知恵やテクニックで、不可能を可能にすることもできるのです。

ホームページ制作の例ですが、参考になる部分もあると思いますので簡単にノウハウをまとめて紹介します。

1　必要タスクを細かく洗い出す

必要なタスクを細かく列記して、完了したものから消し込んでいく。

2　並行できる仕事は同時に行う

画像制作とコーディングなど効率重視でまとめて行うタスクも、並行できるものはすべて同時に作業する。

3　つねに次の作業を決めておく

次に取りかかる作業を決めながら今の作業を行うことで「次は何やろうかな」と手が止まる瞬間を1秒たりとも発生させない。

4　つねに時計を見る

期限が近いとき、その場で一番えらいのは「時間」です。取引先の重鎮がオフィスに来たときのようなイメージで時計を確認し続けます。

5　助けを求めるタイミングを間違えない

タスクを持ったまま溺れ死ぬのは最悪なパターンです。物理的に計算して間に合わない部分があれば、すぐにチームメンバーにヘルプを頼みます。

6 **最重要事項「優先順位」**

公開タイミングでは、最低限として何を公開できれば事故にならずにすむのか、それを決めます。そうすると、期限内のタスクが一気に減りますし、そのラインまで完了できたときに少しだけ気持ちが楽になります。

実際に、このときは時計の確認をし続けているとき、1タスクに取りかかったときの分数と完了したときの分数が同じだった、という不思議な経験を何度もしました。

つまり、ホームページ制作だけのプロと比べても異常な制作スピードです。

相当に追い込まれたときの仕事のやり方ですので、こういった事態を事前に回避する時短術とは根本は異なりますが、こういった事態でしか得られない**作業スピードの限界値アップは時短力アップ**につながりますので、一例として紹介しました。

余談になりますが、ホームページが2時間でできると聞くと、「そんなに短時間ででできるなら値段を安くしてほしい」などと言う方もいますが、短時間でできるのは手を抜いたからではありません。

「仕事が早い＝ラクしてる」と思った方は、仕事を「結果」ではなく「時間」で考えてしまっているので、その考え方も変えていく必要があります。

起業家は得られる成果に対して、かける時間を限界まで削る習慣が必要です。あなたの取引先が**過去と同じ成果をより短い時間で達成**した場合は、「安くして」ではなく「もっとお願いします」「次もお願いします」が正しい反応です。

なぜなら、あなたのパートナーが短時間で仕上げる能力があるというのは、何よりも価値が高いからです。

パートナーの時短レベルが高ければ、あなたの時短レベルは当然ですが上がります。

第2章は、あなた個人のスケジュール管理やタスク管理による時短力アップの話でした。第3章では、自分と周囲の関係者との間で活きる時短術をより深くお話いたします。

時短のポイント

□時間の予算の仕分けのために過去1ヶ月の仕事のリストアップをして、「すぐに止めるべきもの」「止めるべきもの」「続けるべきもの」「足すべきもの」「学ぶべきもの」をチェックする。

□仕事の「時長部分」を明らかにするために、15 分ごとの仕事のログを5秒で記録できるくらい簡単に記録する。

□休憩 15 分を1コマとして、自分にとってもっともバランスの良い仕事と休憩のサイクルをつくる。そのサイクルの積み重ねで、最高の時短スケジュールが完成する。

□2枚の付箋で仕事順序に迷うロスタイムを払拭する。1枚に今日のタスク、2枚目に明日のタスクを記入。「何をするかな?」という自問自答から解放され時短になる。

□「この仕事は○○分でやる」と自分自身で〆切りを設けて仕事をすることで、長時間かけていた仕事が短時間ですむようになる。

第3章

関係を磨く時短術

1人の力で成功することは絶対にない。
1人の力が他人の協力を得たとき、
初めて事業は成功する。

経営学者　ピーター・フェルディナント・ドラッカー

3-1

一石七鳥の「メアドは1つ」

習慣や環境と違って当たり前

どんな仕事も自分1人で完結するものはありません。必ず他者とのかかわりのうえで成立しています。そこで、本章では同僚やクライアント、チームメンバーなど、自分以外との関係で時短を得るノウハウをお伝えしたいと思います。

たとえばですが、あなたの会社ではメールアドレスはいくつありますか?

多くの会社や組織でメールアドレスは人数分あると言います。ですが、私の会社の場合はメールアドレスは1つです。私と社員たちの名刺を見ていただければわかるのですが、同じメールアドレスを使っています。

常識的ではないノウハウですが、これを実践すれば短期的にも長期的にも、さらには突発的なイレギュラー対応の面でも時短効果を発揮します。

多くの起業家もふつうに起業して事業経営していれば、以前勤務していた会社の習慣を引き継いでしまいます。

ですが、「これまでそうしてたから」や「ふつうそうしてるから」という惰性を排除することは起業するうえで、かなり重要な発想です。

そもそも、起業すること自体が惰性を排除した行為なはずですので、習慣や環境を言い訳に行動を選択するのはいけません。ですので、「メアドを1つにする」という簡単な例を使って、今得られている効果と比較しながら解説を確認していってください。

では、実際にどんなメリットがあるのかを1つずつお話していきます。

1 ムダなCCと、入れ忘れのミスを一斉排除

あなたはこれまでに、クライアントや外注先から、「私と○○さんをCCに入れてお

いてください」などと言われた経験はありませんか？

もしあるとしたら「面倒くさいなぁ」と思いませんでしたか？

そう思いながら自分も誰かに言ってしまっていたら今日以降もうやめてくださいね。


CCなんていうものは社内で使うものではありません。

CCはもともとはカーボンコピーの略です。わかりやすい利用例で言えば、複写式伝票や複写式契約書類です。

あなたもどこかで書いたことがあるはずです。

私も以前、大手消費者金融の契約書をデザインから印刷まで行ったことがあるのでよく覚えているのですが、複写がある場合は、その複写を1社がすべてもらうということはありません。ちゃんと枚数分、関係各社で保管されるようになっています。

保管する1社の中で担当者が複数いようと、1枚です。ですので、ほかの担当者も欲しいときにすぐわかるようにちゃんと管理をするものです。

社内でCCを取ろうとする行為は、その書類を担当者分いちいちコピーするようなものです。

しかも、管理状況はかなり粗雑です。なぜなら、CCがちゃんとされるかどうかを相手にゆだねているからです。

普段CCがあるから大丈夫だろうと、担当者と責任者がお互いに甘い認識でいて、いざ見逃してはいけないメールだけCCが入ってなかったらどうします？

CCされるかどうかは相手次第ですが、それは避けられるエラーですか？

避けられません。だからCCを社内でやろうとするのはムダです。**エラーが発生した際はムダを超えてタイムロス**です。

頼まれた側が面倒だと感じ、毎日行うタスクにリスクをはらむのは今すぐやめるべきだと私は思います。

その逆に、メアド1つを共用していれば、CCと同様の効果を相手に依存せずに100％漏れなく行えます。さらに、相手にとってわずらわしい「CCお願いします」を一切言わずにすみます。

2　報告ゼロでも状況把握、トラブル回避ができる

起業家が社員を雇い始めたときに必ず思うことの1つに、「あの案件、大丈夫か？」「なんかトラブってないか？」というものがあります。

自分がすべてをやっていた時代から、他人を信じるタイミングに変わったとはいえ、やはり仕事ぶりは人それぞれですので、心配になるのは当然です。

そんなときに、メアドが共用されていれば、社員から報告を受けずとも、社員に聞かずとも仕事の状況が手に取るようにわかります。

むしろメールで来たクレームであれば、社員より早く気付けることもありますし、メールのやり取りから「クレームになりそうだな。ちょっと手伝うか」といったように社員が気付けないトラブルを未然に回避することができます。

ちなみにコミュニケーションをムダとは言っていません。むしろムダだったコミュニ

ケーションを減らしたというのが、ここでの効果です。浮いた分の時間を、社員の好きなことの話やお互いのプライベートな話、生産性につながる話などに利用してください。

3　監視の手間が省け、意識低下のリスクが減る

社員が個人でメールアドレスを持っていれば、スパイウェアを入れたり、全員分を同時受信でもしていないかぎり、どんな相手とどんなやり取りをしているかも不明です。

監視をしていないとサボる社員がいるのは、まぎれもない事実です。そんなときも、メアドを1つにすることで、この心配を80％以上減らすことができます。どういうことかと言うと、個人でアドレスを持っていれば、平気で副業のためのメルマガを取ったりして、仕事中でも思わず開封していたものが、ほかの人にも届くと思っただけで絶対に取らなくなります。

男性社員がキャバクラや合コンに行ったときも同様です。「昨日はありがとう」などの、「仕事中にするなよ」と誰もが思うメールも、メアドが1つだと全員に届きます。

そのリスクを考えると、誰もがこういった行為をしなくなります。確率は100%です。

4 社員間フォローのシームレス化ができる

スタッフが急な食中毒で入院した場合も、風邪で休みたいとなった場合も、そのときまでクライアントや取引先とやり取りしていたメールはすべて見ることができます。ほかにも、そういったタイミングでなぜか来る重要な要件でさえ、見逃さないですむようになります。

もし、打ち合わせが決まっていれば、誰かがかわりにメールを送れば良いですし、1通メールするだけですむのであれば、代筆してしまえば誰にも心配かける必要もなくやり取りが続きます。

打ち合わせで相手の連絡先や住所がわからなくなってしまったときも、同僚に電話して、「○○さんのメール見て教えてくれる？」と言えばそれで完了です。

また、誰かが突然辞めてしまったときのフォローも同様です。メアドが共用でなければ、お客さんからの質問にも答えようがないですし、迷惑をかけるばかりですが、メアドが１つであれば、過去のやり取りはすべて全員が見られますので、たとえＰＣを持ち逃げされるような辞め方でも、クライアントへの迷惑は最少ですみます。

5　仕事の意識、応対の質が勝手に上がる

メールが自動で共用されるということは、上司も部下もお互いに見られている意識が生まれます。

ですので、クライアントや取引先とのやり取りがいい加減になってしまうことが自然と避けられますし、返信が漏れている場合は同僚から「○○さん、返信した？」という

ように自動でアラートが上がる仕組みが生まれます。

クレームに対する回答の事例も改めてケーススタディをまとめる必要がなく、誰もがリアルタイムで見ることができますし、メールにおける敬語の使い方や、読みやすい段落構成や間の取り方も、共用されているメールを見ればいいだけですので、教育に割く時間も削ることができます。

たとえば、セミナー案内を自分が最初に1通だけ送ったら、「今送ったやつフォーマットにして全員に送って」とスピーディーな指示が出せます。

こういった仕組みを持たないと、社員は「どんな文章だよ。いきなり丸投げかよ。入れる情報くらい教えろよ」と反感を持つものですが、このやり方には反感を持つ余地がありません。

このやり方を導入すると、指示を出す側には「品質基準の均一化」と「完了までの速度改善」が、出される側には「指示の明確化」と「ミス発生率の低減」という、双方にとって最高の条件がそろいます。

6　イレギュラータスクの削減

新しい社員が入るとき、これまでだったら必ず発生していた面倒な作業「メールアドレスの設定」がなくなります。

「@の前、何にしよう」
「どうやってサーバーに追加するんだっけ」
「どうやってパソコンに設定するんだっけ」
「なんで使えないの。もうわかんない」

というよくあるイライラがどれも二度と発生しなくなります。

なぜなら、メアドが1つなら、パソコンに設定する方法の1パターンだけをプリントアウトでもしておけば、誰が入って来ても同じ作業をするだけですむからです。メアドの作成と設定は、簡単な設定とはいえ、小さな会社にはできる人が1人いるかいないかでしょう。

そういった方が引き継ぎをするたびに、設定方法の手順が劣化して、いつかどうにもならなくなるというトラブルも未然に防ぐことができ、スタッフ教育もなくなるので、コストダウンにもつながります。

7　コストゼロで導入できるノウハウ

社員間での情報共有ツールなどで、前述の社内CCの漏れ防止などを行おうとすれば、オリジナルのシステム開発などをしなければなりません。

そうすれば、社内での情報整理しか効果はないものに、大きなコストを伴います。メアドを1つにすれば、それと近い効果を無料で得ることができます。

デメリットはないの？

これだけ、メリットがあると何かデメリットはないのかと、デメリットを考えたがる方も少なからずいるので言及します。

デメリットは、とくにありません。

何をデメリットに感じるかにもよりますが、社員の人数分届くメールでさえ、検索機能を使えば問題はありません。自分宛のメールを見逃したくなければ、自分の名前で検索すれば良いだけです。

逆に、管理者や責任者は担当者の見落としを漏れなくチェックできるようになりますし、何より社員全員の仕事の質が勝手に改善されるようになります。

常識とはほぼ真逆の新しい取り組みですので、取り入れるには抵抗があると思いますが、私自身は4年以上このやり方をしていて、ほかの手法よりもメリットが大きいと思うので、本書でもおすすめしています。

3-2

1週間の仕事と分担を可視化する

担当者とスケジュールがキーポイント

起業家の中には複数人で仕事を行うことに苦手意識を持った方がいます。苦手意識の大きな原因の1つに、自分はプロフェッショナルだから最短で進行できるが、他人がどう動くかわからないということがあります。

ですが、1人仕事を磨くだけでは大きな仕事を成功させることはできません。複数人仕事の進行管理というのは、簡単なやり方でクリアできるので、この機会にぜひ感覚だけでもつかんでください。

ポイントは、その案件にかかわる人とスケジュールのキーポイントだけをおさえること。あとは自然に決まっていきます。

私のオフィスで使っているスケジュール表（134〜135ページ）を例にして、進行管理表のつくり方をご説明しましょう。

1　関係者を縦に羅列します。
2　横軸には日付をつけていき、土日をすべて塗りつぶしていきます。
3　営業日数が自動的に割り出されます。
4　要所要所で目立つように「★印」を付けておきます。

その日付のところで、関係のない人たちは黒塗りにでもしておけば、各人がかかわる期間内で、どれだけの日数になるかが見えてきます。
進行管理の**重要ポイントは、「流れの把握」と「〆切りの把握」**です。

共有してこその進行管理

次に、今つくった進行管理表を関係者全員で共有します。

以前に、管理表をつくっているのに関係者に公開せず、自分の管理用としていた方がいましたが、それはダメです。

進行管理の管理者は**1人ではなく、関係する全員が管理者**です。

あなた以外に全体像を把握している方がいないのであれば、あなたがつねにいなくては納期も品質も安定しない組織になっていきます。

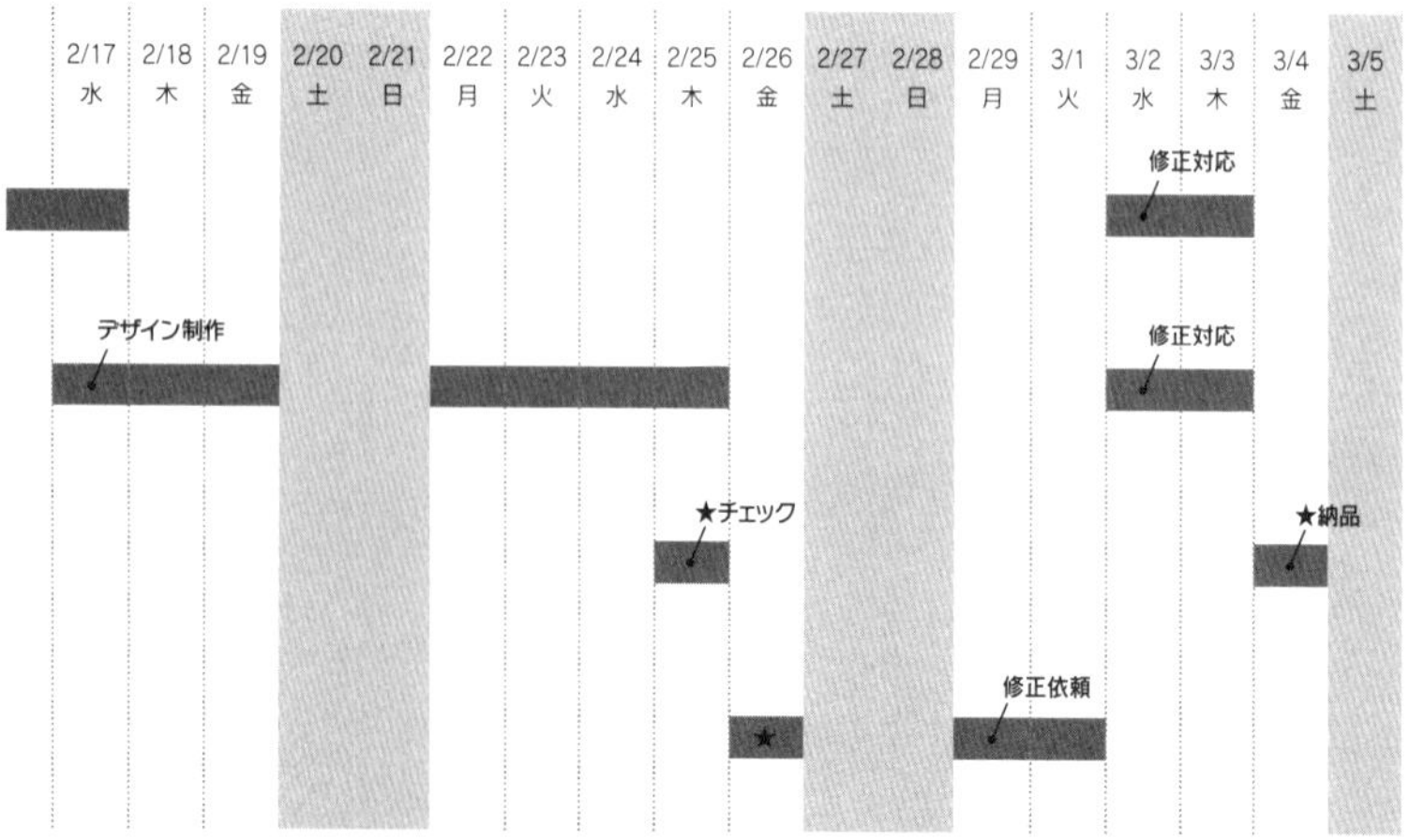

そうなってしまったら、正常に戻すのはとても難しいので、そうなる前に関係者全員に仕事をひと目でわかるように「可視化」しましょう。

考えられる問題を事前につぶすことも、あなたの時短レベルをさらにアップさせることにつながります。

「この程度で大丈夫？」と思うかもしれませんが、大丈夫です。

逆に流れと〆切り以上の管理が必要になるメンバーであれば、その案件からははずしたほうが早いです。自分の仕事を次は誰に渡して、必ずおさえるべき要所をおさえて、あとは自己判断で動ける組織をつくる

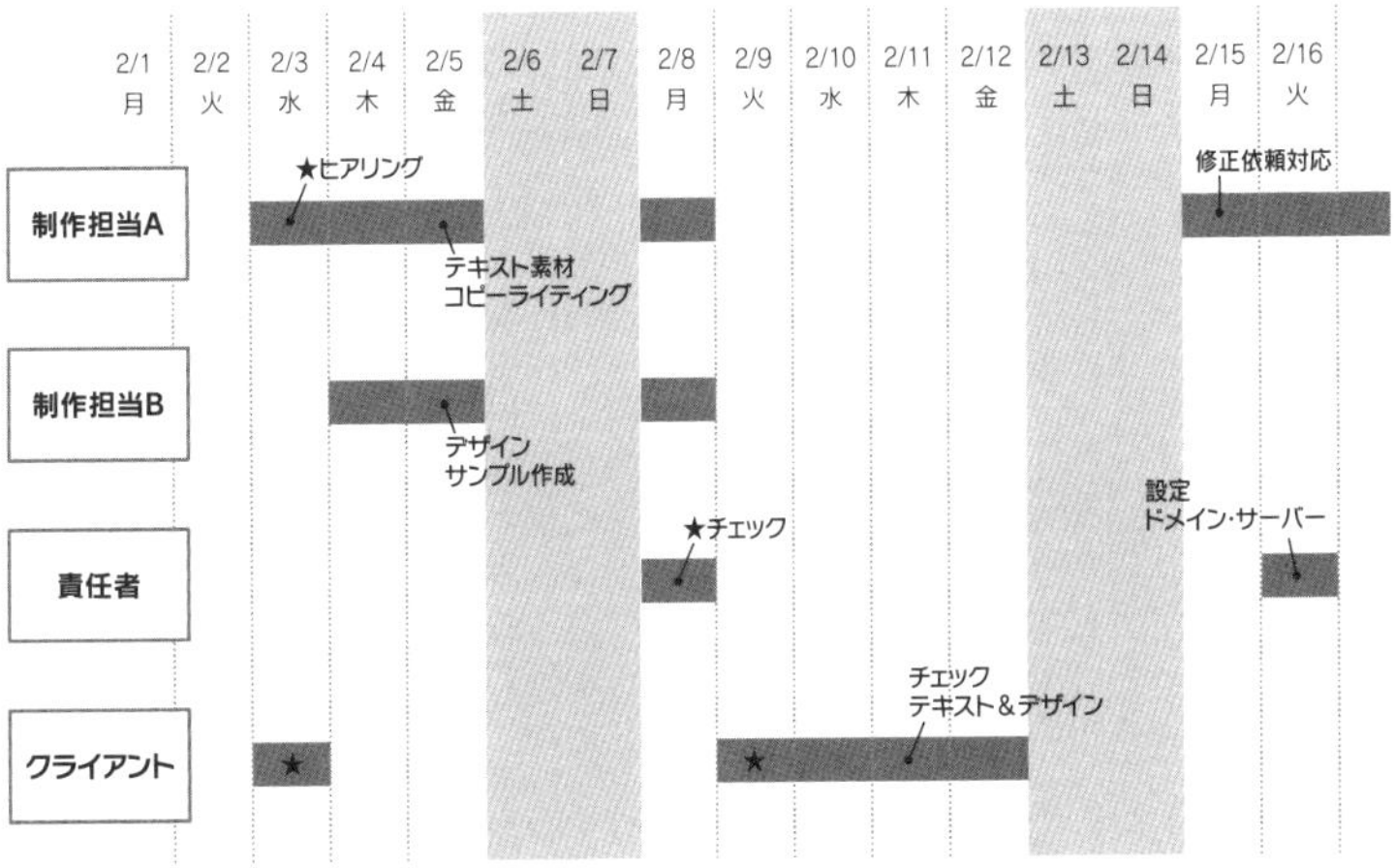

ことも時短です。

これまで進行管理が苦手ではなく、むしろ得意だった方の場合、どこかの有料システムを使って高度な管理をしていることもあるかもしれません。

ですが、この表のつくり方なら、よけいな詳細項目の管理やシステム利用方法を周知する必要もなくなり、システム利用料と人的コストの両面カットも可能ですので、ぜひ取り組んでみてください。

無料の共有手段

今だったら、どなたでも知っているかもしれませんが、どうやって無料で共有したらいいのかと共有手段に悩む方のために、グーグルドキュメントを紹介しておきます。これは、誰でも無料で使える優良ツールです。

グーグルドキュメントは誰かが共有ファイルを改変したとしても、履歴がきちんと

グーグルドキュメント
https://www.google.co.jp/intl/ja/docs/about/

残っているので、「おいおい、ココは変えちゃダメだよ」とあとで気付いたときもやり直しがきくうえに、誰が間違ったかを知ることができますので、ローカルエリアネットワークで共有していたときよりも効率がアップするはずです。

また、外出先からでもつねに最新の共有データを編集できるので、チーム作業によくある「ファイル持ったまま、どっか行ったよ。帰ってくるまで作業できないよ」といったわずらわしさから解放されます。

グーグルドキュメントはファイルのダウンロード形式によっては読みづらくなってしまうことや、マックだとフォントがなく画面が真っ白に見えるなど多少の不具合はあるものの、参加者がドキュメントの共有範囲を設定したり、読めるだけの人、コメントできる人、編集も可能な人を分けて共有することもできるので、進行管理ツールとしても非常に役立つはずです。

3-3

5日仕事も5分で片付けられるノウハウ

取引先とのタイムマネジメント

ビジネスにはつねに仕事を終えるまでの期限があります。

それはクライアントがあなたにするリクエストとの闘いでもあり、打ち合わせではこのリクエストに焦点を当てながら進めていくことが重要です。

勝負の分かれ目となるのは、反応の早さです。ここで求められる早さとは、仕事を完成させる早さもありますが、仕事の初期段階でできる簡単な対応のことを忘れてはいけません。

何よりも出だしの一歩をいかに早く踏み出すか。これがビジネスにおいてどれだけ重要かをご紹介していきましょう。

踏み出す一歩の早さが、後半戦を有利に導き、プロジェクト全体の時短にもつながっていきます。

3つのデッドラインをおさえておく

あなたは普段、どんなふうに仕事のスケジュールを組んでいますか？

たとえば、クライアントと仕事にのぞむ場合、

「その仕事の期限はいつですか？」

……という話に必ずなりますが、社内で承認を取るための期限なのか、エンドユーザーに対する期限なのかによっても対応は違ってきます。

1　最終のデッドライン

2　本社的なデッドライン

3　本社の稟議を通すためのデッドライン

スケジュールを組むときは、この**3つのデッドライン**をまずおさえる必要があります。

Ｗｅｂ制作を例にあげるなら、最終のデッドラインから逆算して、

「〇〇までにラフをあげますので、〇〇までにこの素材を用意しておいてください」

といった話をしていきます。

1回目のラフや草案のタイミング、素材準備や最初の納品のタイミング、修正戻しや修正完了までのタイミングを決めていき、それがクライアントの希望する納期までに収まればＯＫです。

これはＷｅｂ制作にかぎらず、どんな業界でもほぼ同じことが言えるでしょう。

たとえば、住宅販売の場合ならこんな具合です。

スケジュールの決め方

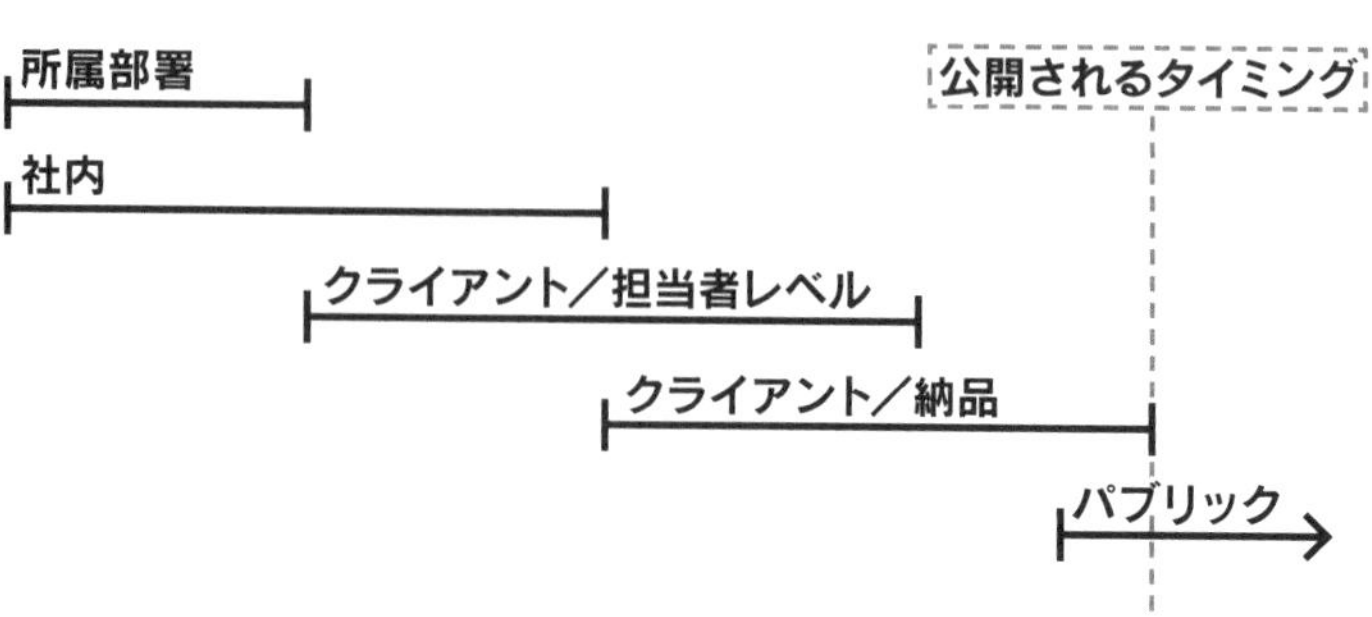

「いつ引っ越したいか?」

これがユーザーにとって最終のデッドラインですね。これがわかれば、

「現金購入なのか、住宅ローンを組むのか」

「頭金はあるのか、諸費用もローンに組み込むのか」

……といったことをお客さんにヒアリングしていき、お金を用意できるタイミングを割り出し、あとは契約をかわしていけばいいわけです。

5分で終わるスケジュール調整

この仕事の流れでスケジュールを組み立てるなら、本来5分もあればできることです。

つまり、**スケジュールは打ち合わせのその場で組む**ことができるはずです。

なぜなら、あなたとクライアント、もしくは先方の担当者という「事情に通じている者同士」がその場にいるのですから。

ところが、その場で5分でできることをせずに「では、いったん社内に持ち帰ってからお返事させていただきます」としてしまうと、スケジュールを組むのに4日も5日も

かかってしまうわけです。

これは5分仕事を5日にするなどという、1440倍ものムダな時間を費やしていることになります。

スケジュールを組む最適の場所は、クライアントと会った「その日、そのとき」なのです。

そこでは、クライアントとそれぞれの行程とそのタイミングを確認しながら、その場で手書きのメモでいいので日程表を書いて渡してしまいましょう。

そうすれば間違いもありません。

共有できる情報の証拠を残しているので、何かあってもスケジュールのことでクライアントからクレームをつけられることもなくなります。

制作系の仕事ならだいたいこういう仕事にはこれだけの日数がかかるとか、営業が動くにはこれだけ時間が必要だなどということは、あらかたわかっているはずです。

もしもあなたがくわしくないジャンルの業務のことでわからなければ、

「ちょっと確認しますので2分ほどよろしいですか?」

……とクライアントにお断りして、その業務を受け持つ担当者、あるいは外注スタッフに聞けば解決します。

これは極端な話ですが、その場でスケジュールを決めることに反対するクライアントがいたとしたら、そんなクライアントとはお付き合いしなくても良いのではありませんか? あるいはなんとか担当者を変えてもらうとか……。

なぜならば、4日も5日もかけるより、その場で決めたほうが明らかにお互いのためになるのですから。

3-4

打ち合わせのアウトプットはその場でする

リアルタイムの情報共有でトラブル防止

打ち合わせの場というのは、クライアントと情報共有をする大事な場です。

そこで決められたことをもとに仕事を進められることと、共通の認識をその場では持っていられるからです。

この共有した時間の重要性を見逃してはいけません。時短のために何より大事なのは、クライアントや仕事をしている相手と、共通の認識で仕事にたずさわることです。

ここでの**情報共有で求められることもスピード**です。打ち合わせのその場で、決まったことや、お互いのタスクをメモにして相手に渡す「基本情報を共有する時短術」をおすすめします。

それも、**決めたことを箇条書きにして、相手に渡す**だけです。

そのとき相手のタスクと自分のすることを分けてメモすればいいだけです。それをスマホで写真に撮って、自分用にメモを残し、書いたものは相手に渡せばよいのです。

打ち合わせで決めたことなどをホワイトボードに書いていることもありますが、そのボードを撮影すればその場で議事録にすることができます。

それをメールで先方に送れば、情報共有は瞬時で完了です。

完成度50%で「できる」と思わせる

次は完成度50%でも相手に「できる」と感じてもらえる書類のつくり方です。

報告書や作業進捗書といった類の書類は、あなたも日常的に作成していると思いますが、もしも形式ばった報告書や作業進捗書といった手間のかかる書類を出す手間を省き、なおかつ、相手に「**スピーディーな仕事をする人だな**」と思われる方法があるとしたら、じつに時短かつ効果的な時短術になると思いませんか？

それは、「**打ち合わせのアウトプット（提示）をその日にすること**」です。

打ち合わせで「この案件はいい方向に必ず進むだろう」と思えたら、その日のうちに打ち合わせ内容を簡単にまとめて相手に送るのです。

その日のうちに打ち合わせの内容をアウトプットするメリットとしては……

1　共通の認識が定着する

2　打ち合わせで理解できなかったところを洗い出す

3　相手から「仕事早いじゃないか、すごいな」と思ってもらえる

4　記録として残せる

先ほどの手書きのメモが、するべきタスクに絞ってあれば、こちらは疑問点も書き出すことで、さらに仕事の精度を上げることができます。

1週間後の記憶なんて頼りにならない

その日のうちに送るなら、それこそ簡単なテキストで十分でしょう。あるいはヒアリング用のフォーマットを用意しておいて、記入しても良いでしょう。

記入する要素としては、

1　クライアント名称
2　打ち合わせの決定事項
3　クライアントの目的
4　前回からの進捗状況……2〜3回目以降の確認
5　疑問点と質問事項……さすがにその場で思いつかなかった点について
6　次回のプレゼンや打ち合わせの日程

これなら、フォーマットをつくっておけば、その日のうちにメモを見返せば記入できるはずです。

記入する内容は、A4用紙1枚程度の量でしょうか。

その日の打ち合わせで一番重要なことだけをA4 1枚にまとめてその日のうちにメールで送れば良いのです。

しかし、1週間後に手書きのものを送ったら、クライアントは「今さらこれはありませんよね！」と感じることもあるのではないでしょうか。

もし逆の立場であなたがこうした対応をされたら……と、考えるとどちらのほうがより信頼できる相手と感じるか、という話です。

1週間後にワードなどを使って書式の整ったきれいな書類になっていたとしても、そんなのはどこの会社もやっていることなのでふつうのことです。

そのうえ、もし肝心なことが抜けていたりしたら「これはどういう認識で仕事をしているのか……」などと思われてしまうかもしれません。

というのも、あなたは1週間後の記憶は、頼りになりますか？

メモを書いていたとしても、その場で聞いたことがすべてメモになっているわけではありません。それに時間が経てば、勘違いをしやすくなることもあります。

このやり方の効果を実感したのは、新規事業のブランディングとＨＰ制作案件（３０００万円程度）を打診されたときです。

じつはこの案件、先にクライアントから打診されていた他社さんが、２週間以上経過してもラフさえ出していませんでした。

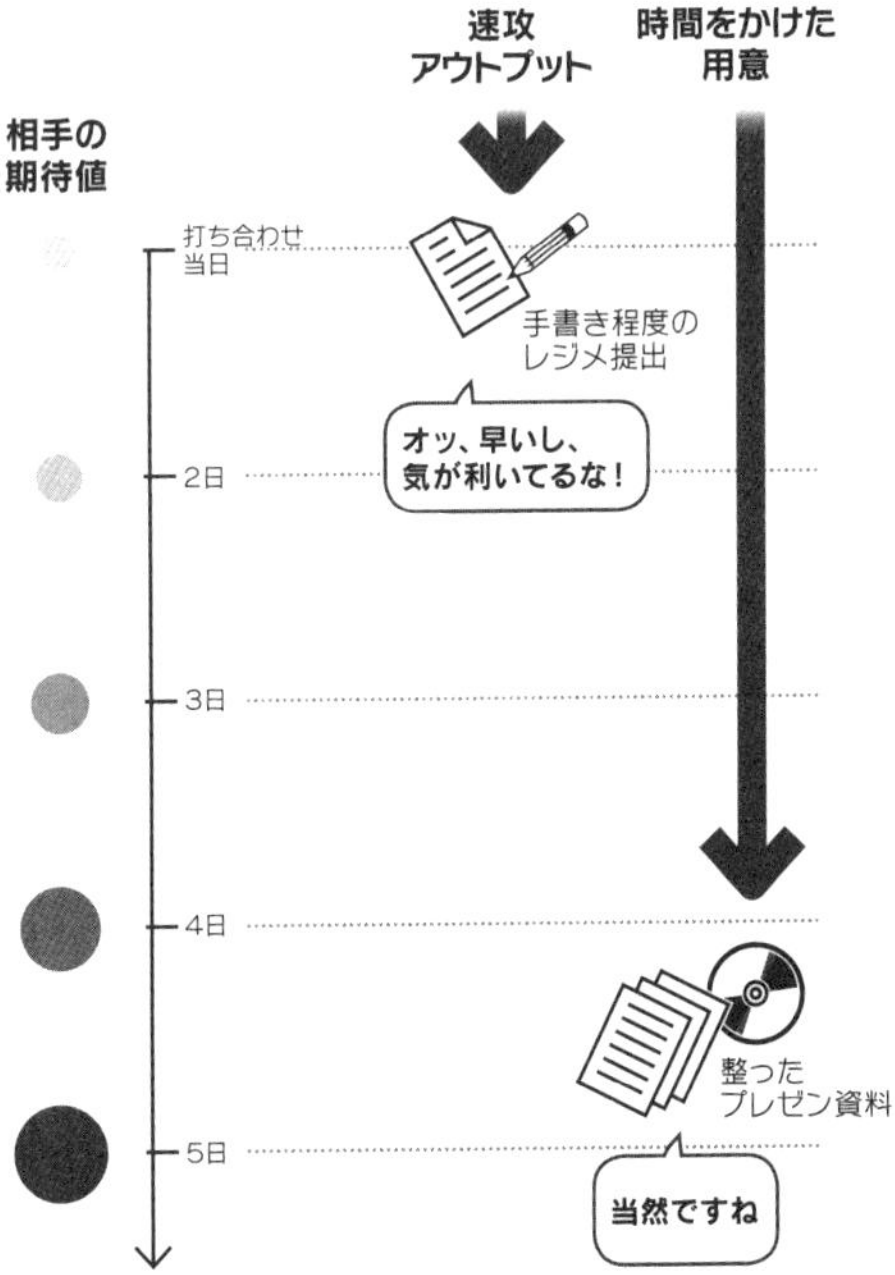

しかし、私がこのクライアントの打ち合わせ翌日にラフを提出したことで、私の会社

が発注を受けることができたのです。

おそらく、ほとんどのケースで相手に見せる書類に手間と時間をかけているのは、「より良いプレゼンテーションを」と考えているのではないでしょうか。

しかし、プレゼンテーションは、データの精度や見栄えの良し悪しより、**要点さえつかんでいればスピード優先**のほうが喜ばれることが多いです。

むしろ、起業家は会社員とは違い、ツボをおさえた即応性のほうが、ビジネスチャンスをより逃がさないと言えるのではないでしょうか。

3-5 全体をとらえて細部に集中する

円をイメージして点を描く

この章の終わりに、全体をとらえることの重要性をお伝えしておきたいと思います。

円を描く作業を想像してみてください。

この円を描くために、点を1個ずつ打って形にしていくとします。

仮に、これから描こうとするきれいな丸い円をイメージしないで、1つのきれいな点を打つことだけに集中したとしましょう。

たしかに、1つひとつの点はくっきりと美しいかもしれませんが、できあがってみると、およそ円と言えない形になっているかも……という結果になります。

この円を点で描く話は、**仕事の完成形**とその過程にある**1つずつのタスクの達成**と同じ関係にあります。つまり、プロジェクトの全体像を把握しないまま、1つずつのタスクに集中することは、結果的に「ムダな仕事」になるという話です。

点を打つことだけに集中して、気がついたら丸い円を描くつもりが楕円になっていたということです。

仕事の全体像のイメージを、ホームページの作成にたとえてみるとわかりやすいかもしれません。ホームページをつくるとき、1個のパーツであるバナーだけがカッコ良くても、ホームページ全体にムラがあったら見栄えは絶対に良くなりません。

スクロールする1ページ全体でホームページです。もし1つだけパーツが突出してつくり込まれていたら、パーツを組み上げて全体をつくるとき、バランスを取るためにあちらのバナー、こちらのヘッダーと手直しし続けることになります。

仕事は1つずつの「タスク完了」を積み重ね、すべてが完了したときに終わるものです。

つまり、1つひとつのタスクをこなしていくしかないのですが、その際に全体像をイメージしたうえで進めなければ、「このタスクは必要なかった」などということになりかねませんし、「時間のかけすぎ」「やりすぎている」ということにもなりかねません。

これでは、時短テクニック以前の問題です。

目の前を見ながら全体をイメージしよう

仕事の全体をとらえることの重要性は、プロジェクトを達成するうえで欠かすことはできません。自分たちのやるべき仕事を全体で見ることができる人は、効率的に仕事をこなすことができます。**本質的に何が必要なのか、理解して仕事**できるからです。

「プロジェクトを成功させる」という目的が「マクロ」、そのために必要な自分がやるべきタスクが「ミクロ」とも言い換えられます。ミクロ＝自分の仕事しか見ていなければ、目的であるプロジェクトの成功からはずれても気付くことさえできません。

全体を見渡すためには経験も必要ですが、「全体のイメージをとらえてから、目の前の仕事をする」という意識で時間配分をすることで、大きな時短になるのです。

時短のポイント

□会社のメアドを1つにすれば、会社全体の業務が把握でき、メールのレベルアップ、クレームやトラブル対応が迅速になり、コスト削減にもなる。

□スケジュール表に「業務関係者」「担当内容」「営業日数」を記入。進行状況を記入することで「業務全体の把握」と「日程の把握」ができ、進行管理の時短になる。

□「最終」「本社的」「本社の稟議を通すため」の3つのデッドラインを、クライアントとの打ち合わせの場で決めれば、スケジュール調整は5分に時短できる。

□打ち合わせで決めたことは、その場でメモ書きをして自分用に写真を撮って相手に渡せば、リアルタイムで基本情報を共有する時短ができる。

第4章

常識の壁を超える時短術

さらに良い方法がある。それを見つけよ。
実業家　トーマス・エジソン

4-1 会社員の正解、起業家の不正解

起業家は非常識な少数派です

起業する方とそうでない方、どちらのほうが多いかと言えば考えるまでもなく「そうでない方」、つまり起業しないほうが圧倒的多数です。

逆に言えば、起業する方は少数派で、一般的であることや常識的であることからははずれているとも言えます。大多数の方がしないことが起業だとするなら、それは常識的ではないので、非常識ということになります。

実際、古今東西の起業家を見渡しても、「非常識」と感じさせるエピソードにはこと欠きません。それはスティーブ・ジョブズや松下幸之助さんなど、偉人と呼ばれる方であっても同じです。

この章では、会社勤めをしているときには「正解」「常識」「絶対」として教わったことが、起業家にとっては、時間を奪われるばかりの「不正解」が多々あることをお伝えしたいと思います。会社員時代なら非常識ということも、成功する起業家にとっては常識にすべきことがあるということです。

もちろん「すべてがそうだ」とまでは言いませんが、会社員時代の常識というものを貫くことが自分の首を絞めるなら、それは考えものです。

社会人として積み上げてきた常識が、じつは経営者としての働き方にマイナスの影響を与えていることが多々あります。

経営者の仕事は会社のための仕事であり、経営者でなければできない仕事のはずです。「常識はずれだ！」とお叱りを買う話も多いと思いますが、これはあなたのためにもなるはずなのであえてここでお話しておきましょう。

4-2 即レスが正しいとはかぎらない

あえて電話に出ない

電話やメールをはじめ、時短を実現するためには、仕事の対応ルールを決めておく必要があります。今は外出先でも出張先でも連絡が取れてしまうやっかいな時代です。

あくまでもケースバイケースですが、かかってきた電話すべてに出られるから出るのではなく、あとでかけ直すことにしています。

メールも同様の取り扱いをします。電話のようにメールが来たらすぐに返さなきゃとあわてて返信する方もいますが、その必要はありません。リアクションを取るべきタイミングで折り返せばいいのです。

起業家の立場で考えたとき、電話やメールに即応することは必ずしも正解ではありません。

なぜ大企業の経営者に秘書がついているのでしょうか。それは、電話やメールの対応よりもはるかに重要度の高い仕事に集中するためです。

もし、大企業の経営者がかかってきた電話にすべて出て、届いたメールに即対応していたらどうなるでしょうか。おそらく、その会社の未来はおぼつかないはずです。

この事実に企業規模の大小は関係ありません。

なぜなら、大企業であろうと中小企業であろうと、経営者は**電話やメールの対応よりも重要度の高い仕事**を担っているからです。

4-3 「重要度×緊急度」無視の時短術

早ければ早いほど成果が付いてくる仕事

次は一般に常識とされている「重要度×緊急度」を無視して、**インスタントかつクリティカルな時短達成ノウハウ**をお話しましょう。

重要度と緊急度のマトリクスはご存じですか？　ブライアン・トレーシーやスティーブン・R・コヴィーが本の中でもセミナーでもよく話しているものです。

日本人の本でも似たような本が多数出まわっているほど、**自己啓発の業界では鉄板トーク**として使われていますが、ご存じない方のために短い時間でザックリ解説していきます。

あなたは「やりたいこと」「やるべきこと」「やらなくてはいけないこと」「やらなくてもいいこと」などなど、たくさんのタスクリストを持っています。

・新規事業のアイデアを練る
・法人を設立する
・融資を引く
・時短術の本を読む
・大坪のセミナーに参加する
・起業仲間を探す
・異業種交流界に参加する
・友人との飲み会
・結婚する
・その前に彼女を見つける
・ポルシェに乗る

このように色々なタスクがあると思いますが、すべてを4つに分類します。

分類には、2×2の表を使います。

縦横はどちらでもかまいませんが、一方は「重要度」の高い低いで分けます。もう一方は「緊急度」の高い低いで分けます。このような図になります。

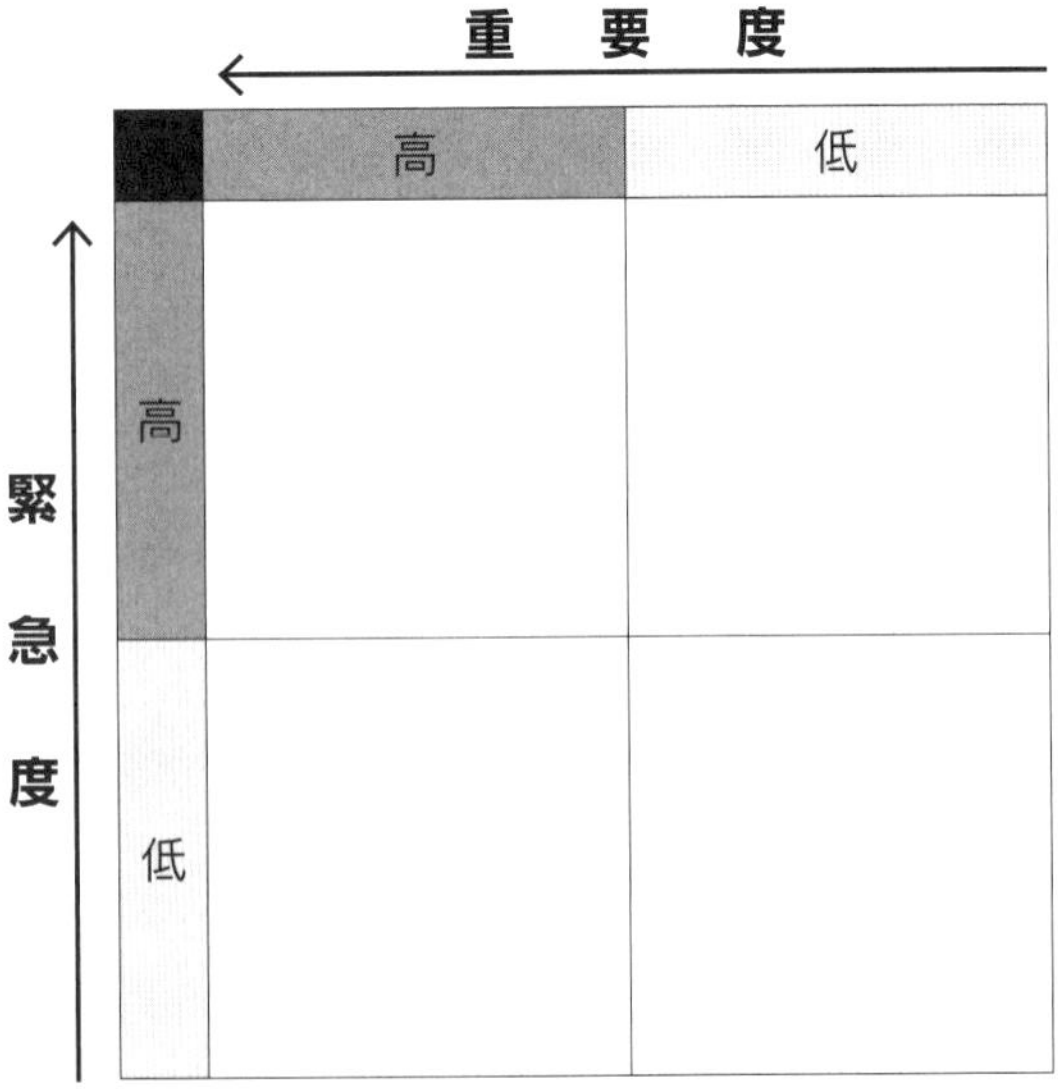

結論としては、「緊急でも重要でもないこと」を切り捨て、「緊急でないが重要なこと」を拾えば、一番効果性が高いという話になるのですが、ここではその話を覆します。
ただし、机上の空論的な覆し方ではなく、事実、私が何度も仕事で体

験して確信を持っていることをお話しします。

5分作業で顧客を感動させるワザ

私がたくさんの仕事を抱えていたとします。

そこへ、クライアントから「急ぎではないので、時間があるときでかまいませんから、この部分のデザインを少し変えてもらえませんか?」と電話で頼まれごとをしました。内容を確認してみると「これなら、5分で終わるな」という作業でした。

こんなとき、ふつうであれば言われたとおりに「時間があるときにでも直そう」と後日のタスクとして受けて、後日完了後に報告します。当然ですが、クライアントから「ありがとう」と御礼を言われます。

たいていの場合は緊急でも重要でもない仕事と認識すれば、優先順位は最低にします。本当に最後、ほかに何もなくなったときにやるはずです。

しかし、私の場合、その仕事をほかに進行中の重要作業があったとしても、いったん手を止めて、**5分作業を先に終わらせてすぐに完了報告**をします。

そうすると、どうなるでしょうか？

この対応は、クライアントにどういった印象を与えるでしょう。「時間があるときにお願いします」と頼んだのに、5分（体感時間では一瞬）でできあがってくるわけです。神対応ならぬ神速対応です。当然ですが、「この人、スゴ！」という感じで感動してもらえます。

感動されたのは、緊急でも重要でもないこと

思い出してください。通常対応と神速対応、どちらも作業内容は同じです。**同じ5分作業なのに、御礼が感動レベルに変わる**んです。

「緊急でも重要でもないこと」を最優先したから感動されます。

ですが、一般的な仕事効率化のノウハウ本には、「仕事に優先順位をつけろ！」と言い、

「優先順位の基準は、重要度×緊急度だ！」というフレーズがよく書かれてます。

その理論のすべてを否定するわけではありません。

当然、それが正しい場面が多い。ですが、あなたがそれを鵜呑みにして、今教えたノウハウに気付かずにいたら、**やる順番を変えるだけで賞賛される絶好のチャンス**をみすみす逃し続けていたことになります。

少し難しいかもしれませんが、私は「重要度」「緊急度」のどちらも普段あまり意識していません。

むしろ、クライアントのためになるのであれば、その場その場で判断を変えます。結果、すべての優先順位が変わり、重要度も緊急度も低い仕事が最優先されることもあります。

経験するまでは信じられないかもしれませんが、実際に感動されます。そのリアクションをいただくために**追加でしたことはゼロ**、何もありません。クライアントから**何もせずに感動される**というわけです。

4-4 クライアントは神様ではない

仕事を受ける側も出す側も対等

よくクライアントに満足してもらおうと、クライアントに迎合する方がいます。しかしそれは本当の意味では良い仕事をしているとは言えません。仕事の等価交換がなされていないからです。

仕事は本来、価格や価値が等しいものと交換すべきです。その考えに立てば、相手がクライアントであろうと外注先であろうと、仕事を受ける側も出す側も対等の立場であるべきだと思います。

それがなされていないから、どちらかに不満が生じるのです。

では、なぜそのような流れになるのでしょうか。

それは、世の中的に「お金を払う側がエライ」という風潮があるからです。

私が高校生のころ、ハンバーガーショップでアルバイトをしていたときの話です。その最大手チェーンだけではありませんが、通常、相手がどんな態度であろうとお客様はお客様という扱いをします。

しかし、私は少し違っていました。


注文された商品を提供して、「ありがとう」と言っていただける方には「お客様」と呼んでいましたが、100円だけポーンと放り出して「これ」と言ってメニューのコーヒーを指さすような相手には、こちらも「客」としてしか対応しません。

ただ、お金を払ってくれるだけの人は、こちらを自動販売機か何かと勘違いしているのでしょうか。

人を自動対応機くらいに思っている人をお客様として、ていねいに接していたら心がすり減るだけだと感じていました。

もちろん、この対応をするたびに社員からは毎回怒られていました。

やり取りをするのが面倒なので、口答えはしませんでした。

かわいげのないアルバイトだったかもしれませんが、サービスを提供する側もされる側も、お互いに敬意を払うべきだというのは当時からポリシーとして持っていました。


なので、本当にこちらのほうが良い、正しいものを提供している、納品するものに対して本当に理解しているのは自分であると思うのであれば、クライアントに迎合せず、上手にその意見を通すようにしたほうが結果的に時短につながります。

仕事に対して熱意と覚悟があるなら、本当に良いものを相手に渡すことが理想の仕事です。

そのとき、相手との信頼関係はより深くなっていくでしょう。

結果的に、次回の発注に結び付けば、それは遠まわりとは言えないはずです。

4-5 偽ってでも得させる

正直者は相手に損させる？

「偽る」という言葉は聞こえが悪いかもしれませんが、ビジネスにおいては素直な方、正直な方であっても、クライアントに損をさせるケースはほめられることではありません。これは、あなたが制作会社などに仕事を依頼する場合も同じです。

「先方の担当者がすごく誠実な人だから」という基準で判断したら、この間違いを招くかもしれません。

もちろん、素直で正直な方をすべて否定しているわけではありません。偽ることなく相手に得をさせられれば一番です。

「そうは言っても、お客さんに嘘付くのはなぁ……」と抵抗を感じる方は多いと思います。私も同感です。

というのも、「嘘付く」と「偽る」は同じようで根本が異なります。同じように「正直」と「誠実」も違います。正直ではあるけれど誠実ではなかった例をあげて説明します。

正直かもしれないけれど対応を間違えている例として「**無知の不誠実**」があります。

自分よりお客さんが正しいと思っている、もしくは、言うとおりにしておくのが一番と思い込んでいる場合です。

本人は、お客のニーズに「誠実に」と思って案件を進めています。

でも、顧客は素人だからプロだと信じて依頼してるのに、その「プロ」がお客さんの言うとおりにしておくのが一番と思っているので、本来のプロとしての見識を込めずに進めています。

結果的に、お客さんが望むような結果を出せず損をさせてしまうわけですから、誠実を目指しているはずなのに、実際には「**損をさせる＝不誠実**」ということになります。

こうして誠実だけどダメな方の例を見てみると、結果としては相手にそむくような形になったとしても、クライアントには得をさせてあげることがいかに大事かがおわかりいただけたのではないでしょうか。

要は、相手が望まないやり方をしたとしても成果を与えて満足をしてもらい、相手に得をさせてこそ「**仕事のできるプロ**」になるわけです。

それは、中長期的にはあなたの会社も得をする、という状況をつくります。

プロ意識があるのなら

では、偽ってでも得をさせて相手の満足度を高めた具体例として、私の会社で、ある有名なチョコレートショップからショップカードの依頼を請けたときのことをご紹介しておきます。

クライアントさんにはショップカードのデザインはすごく満足してもらい、一発ＯＫが出ました。

その後、印刷する段階になって、紙のサンプルをA、Bと2種類用意して選んでもらいました。私は最初から絶対にAがベストだと思っていましたが、クライアントさんが選んだのはBでした。

そこでどうしたかと言うと、じつは勝手にAの紙で印刷にまわしたのです。

結果どうだったかと言うと、「思ったとおりのできだね」と大喜びしていただけました。

その方が選んだ紙ではなかったにもかかわらず、です。自分をその道のプロ、もしくは相手よりも知識も経験もあると思うなら、その場では一見そむくような形になったとしても、結果、相手が欲しいものを提供すべきだと思います。

ここは賛否両論があるかもしれません。しかし、プロの気概を持って仕事することが本当の満足を与えることになると感じています。

クライアントに満足を、自分に成果を

効果を測る際に欠かせないのが、相手の満足度です。

仕事とは「相手を満足させること」だと思っていますが、クライアントの最終的な満足とは何かを理解したうえでの仕事にしなければなりません。

「利己主義」という言葉はよく耳にしますが、利己主義の人は自分の利益だけを追求します。

一方、「利他主義」の人は取引先や周りの人たちの利益を優先できます。

クライアントの満足とは、「利他主義」によってのみもたらされると思います。

たしかに、「効果」という視点で考えると、利己主義は短期スパンでは良いものの、長期スパンだと良くありません。

利己的な人は、得てしてエネルギーは強いのですが、特性としては、稼ぎやすい反面、失敗したときに損をしやすく、いつも自分のことしか考えていないので、失敗をしても周りの人は誰も助けてくれません。

ところが、利他的な人というのは、失敗したとしても小さな失敗で終わるものです。いつも周りのことを考えて動いているので周りから助けられることも多く、中長期的に見ると、着実にプラス側に傾いていきます。

時短のポイント

□経営者は重要度の高い仕事を担っており、場合によっては電話やメールに即応せず自分のタイミングで折り返すことが正解のこともある。
場合によっては、自分の時間を優先するほうが大事なこともある。

□クライアントに頼まれたなんでもない「5分仕事」を神速対応することで、同じ5分作業が相手の感動レベルを呼ぶ「重要度×緊急度」無視の時短術もある。

□本当に相手にとって必要だと思うなら、上手にプロの見識を通すことでクライアントに成果をもたらし信用を得ることで、中長期的に見て時短になる。

第5章

トラブルで成長する時短術

私の現在が成功と言うなら、私の過去はみんな、失敗が土台作りしていることにある。仕事は全部失敗の連続である。

実業家　本田宗一郎

5-1

問題は問題ではない

問題より大きな問題に気付けるか

当然ですが、ビジネスに失敗やトラブルは必ず起こります。すべての起業家が必ず経験するのであれば、問題そのものに問題はありません。

ですが、失敗やトラブルの受け止め方を間違っている場合、つまり、対処法や回避法に問題を抱えている場合は、問題そのもの以上に大きな問題だと言えます。

失敗やトラブルというのは、現状からの伸びしろを教えてくれる重要な指標です。あるべき理想の状態にまだいたらないから問題が起きる。ということは、**トラブルは自分の成長段階のステップ**を教えてくれているという見方もできます。

私はむしろ何も失敗やトラブルが起きなければ、起きたとき以上に不安になります。

私の場合は、この問題意識がつねに成長をうながしてくれています。

たとえば、クライアントとの関係性1つを取ってみても、言われたとおりに馴れ合いで仕事をしていれば、失敗もトラブルも少ないですがお互いに成長できません。

仕事に真剣に向き合い、クライアントに誠実であれば、必ずぶつかる瞬間があります。

お互いに自分の分野で知識と経験を持てば、知識と経験の浅い相手の意見に完全合意というのは、相手の間違いを見て見ぬ振りするという背任行為にもなります。

ですから、問題が起きた際には、自分かわいさに逃げるのではなく、いかに的確な処置を最速で施せるかが重要になります。

どれだけ周到に準備をしていても、想定外のことは起こります。だって想定外なんだから。つまり、想定外のことが起きることはまったく問題ありません。

想定内だけで活動していれば成功は遠ざかるばかりです。大事なのは、想定外の事態の収束をどれだけ時短できるかとムダな再発をどれだけ防げるかにかかっています。

5-2 トラブル時短5ステップ

想定外の仕事を割り込ませるために

　ではさっそく、想定外の仕事が急に発生した場合の対処法をお伝えしていきます。

　たとえば飲食店で今日のランチに使う食材が届いてないなんてことは切迫した緊急事態であり、こうした場合はすでに入っているスケジュールを先延ばししてでも即座の対応が必要となります。

　まずは、緊急レベルにもよりますが、すぐに手足を動かして対応しようとするのではなく、手足をいったん止め、この5ステップに沿って頭を動かしてください。

1　手を止める……悪化防止↓問題を理解しないまま続けていては悪化する
2　原因を探る……再発防止↓原因を理解しないまま対処してもすぐ再発する
3　何ができる?……事故防止↓何かしようではなく、何をすべきかを見つける
4　誰ができる?……遅延防止↓自分だと遅れるなら、誰かできる人を見つける
5　共有できる?……再発防止↓全体に共有して、他人が再発するのを未然に防ぐ

緊急のトラブルでさえ、冷静にこの5ステップに沿って考えれば、「もう、今日じゃなくてもいいのでは?」「○○さんにお願いしてもいいのでは?」などと思えるトラブルも少なくないはずです。建設現場や飲食店は分を争うトラブルが多い業界でしたが、闇雲に動けば悪化や再発を招き、よけいに時間がかかるということがよくあります。

私の場合は、こうした思考フレームを持っていたおかげで、あせって悪化させることもなく、短時間で問題解決ができました。

ですので、あなたもこの5ステップでトラブル対処すれば、解決にかける時間を今より減らすことができます。

5-3 どんな問題も表現できれば解決できる

まずは言語化レベルで解決に運ぶ

5ステップのベースにもなる大事な考えですが、問題を抱えているときに、一番ダメなのは問題を正体不明にすることです。

火のないところに煙は立ちません。問題があるなら、必ず原因があります。問題は綿アメのように大きく見えるかも知れませんが、原因にたどり着けば小さじ1杯の砂糖レベルだったりします。

当事者からすれば、トラブルは巻かれた煙のようにとらえどころもなく、大きく見えます。ですが、どんな問題もそのときの立場からはずれてしまえば、「たいしたことなかったじゃん……」と冷静に解決できるものがほとんどです。

小さじ1杯の砂糖のように小さな問題なのに、自分で問題を大きく見せてしまっていることが往々にしてあるということです。

見た目の大きさだけで「やっかいな問題だ」と思考停止して行動するのではなく、**行動停止して思考**することで、問題を言語化することが大事なのです。

さらに高度な解決方法がビジュアル化

今抱えているトラブルを解決したい、不安をなくしたい、問題を改善したいと思ったら、「**言葉にすること、できること**」が大切です。

この問題はどれぐらいの影響力があって、どのような支障をきたすのか、また誰に何をしてほしいのかを言葉にできるようになれば、問題はほぼ解決できます。

また、解決の精度を上げる方法として、解決策のビジュアル化も紹介しておきます。「**解決策をビジュアル化する**」とはどういうことか？

たとえば、男性なら共感してもらいやすい例ですが、男子トイレの小便器の前に、

「キレイに使いましょう」といった貼り紙を見かけたことはあるでしょう。

これは問題を言語化して、相手への依頼まで行っている例ですが、キレイの定義などが個人によって異なる中、果たしてこれだけで解決できるでしょうか？

この場合は、言葉で「キレイに」と貼り紙をするよりも、的のシールを小便器の中心に貼っておくだけで、皆がその的をねらって用を足すようになります。

同じように、「1歩前に」というような貼り紙も、立って欲しい位置に、足跡のシールを貼っておけば、自然とその場に足を置くようになり、問題は解決します。

まとめると、トラブルや問題はいくら悩んでいても解決できず、それを「**問題と原因を文字化する**」ことで解決できるようになります。

また、その「解決策をビジュアル化する」ことで、解決のための行動デザイン（行動を自然に引き出すこと）ができ、問題解決の精度をさらに上げることができます。

5-4 万能スキル「反射思考」のすすめ

当たり前の反応が問題を大きくする

実際にトラブルが発生したときのことを思い出してみてください。

たとえば、クライアントから突然の電話で怒りのクレームが入ったときなど、思わず冷静な対処ができなかったりするときがあります。

「どうしよう?」とあせり、謝るべきかどうかわからないまま「すみません、申し訳ありません」と謝ってしまったことが過去にあるかもしれません。

建設業界で会社員をしていたとき、デベロッパーからクレームが上司に直接入り、いきなり現場所長に詰問されたことがあります。

しかし、その内容について説明すると、「なんだ、お前が悪いんじゃないのか」という理解に変わりましたが、自分はわけもなく怒鳴られたことになります。

あなたにも経験があるかもしれませんが、怒っている相手に対して反射的に謝ることで、相手もそれに呼応して怒りが増してしまうことがあります。

これでは問題がますます大きくなってしまったり、本来なら導き出せるはずの正しい解決策が遠のくことになりかねません。

わけもわからず謝るのは不誠実

では、先のようなクレームに対して、どのように対応すればよいのでしょうか。

それにはこれまでのように「反射的に行動」するのではなく、「**反射的に思考**」することです。まずは、実際の事実と相手の意見を把握するために、相手の話を落ち着いて聞く必要があります。起きている問題をひとつずつ把握していきましょう。

まずは、クレームをもらったままわけもわからないまま謝るのを止めて、相手の意見や状況をしっかりと理解することに努めましょう。

謝るのは自分が悪いとしっかり立証されてからです。その前に謝るのは**本当に悪いと思ってないという事実からして不誠実な対応**です。

私自身もアルバイトや会社員だったころ、手に汗かいて、膝がガクガク震え、とりあえず謝るという経験を何度もしてきましたが、その経験を経てきたおかげで気付き、つくり上げるにいたった**万能スキル**です。

何度も繰り返しますが、トラブルが起きたら、「反射的に行動」するのではなく、「**反射的に思考**」してください。想定外の事態やトラブルが起きたら、わけもわからないまま行動してさらに被害を拡大するよりも、問題が見えてから自分で行動を選べば、すべての問題解決までの時間が驚くほど短縮できるようになり、ストレスも激減します。

はじめは難しいかもしれませんが、慣れれば簡単です。

思考を反射させるポイント

1 いつ、どこでトラブルが発生したのか？
2 どんなことが起きて、何に対して不満を感じているのか？
3 誰が不満を持っているのか？
4 問題点は何なのか？
5 あなたに対して、どうしてほしいと思っているのか？

※事実確認をしたあとは、対応策を検討したうえで、なるべく早く相手に解決策や代替案の提示をする。

5-5

質問フレームの組み方と専門家の使い方

守るべき2割を見つける

仕事をしていくことで、失敗やトラブルを起こし、落ち込むことは誰でもあることです。避けられないものは仕方ありません。

ただし、大切なのは「守るべきところは守る」ということ。仕事をするうえで、他人に迷惑をかけないというのは絶対のルールです。

仕事で落ち込むことがあったら、まずこのように考えましょう。

「8割は落ち込んでもいいから、今日守るべき2割はどれだろう？」

この2割を最低限の仕事としてやりとげます。

仕事で落ち込むといえば、トラブルが発生した場合が多いでしょうが、その問題を解決しないと同じトラブルはいずれ必ず再発するものです。

しかし、すべての問題やトラブルには、基本、解決策があります。

ポイントは、**問題やトラブルの中身をあぶり出して整理**することです。

自分の質問フレームを組んでみる

あなたも抱えている問題やトラブルがあったら、次のような「**質問フレーム**」を組んで、問いかけてみてください。


「あなたの問題は、何ですか?」

「それがもたらすメリット、デメリットは何ですか?」

「その問題の原因は何ですか?」

「解決するために、あなたは何ができますか?」

「誰に、何を依頼すればいいですか?」

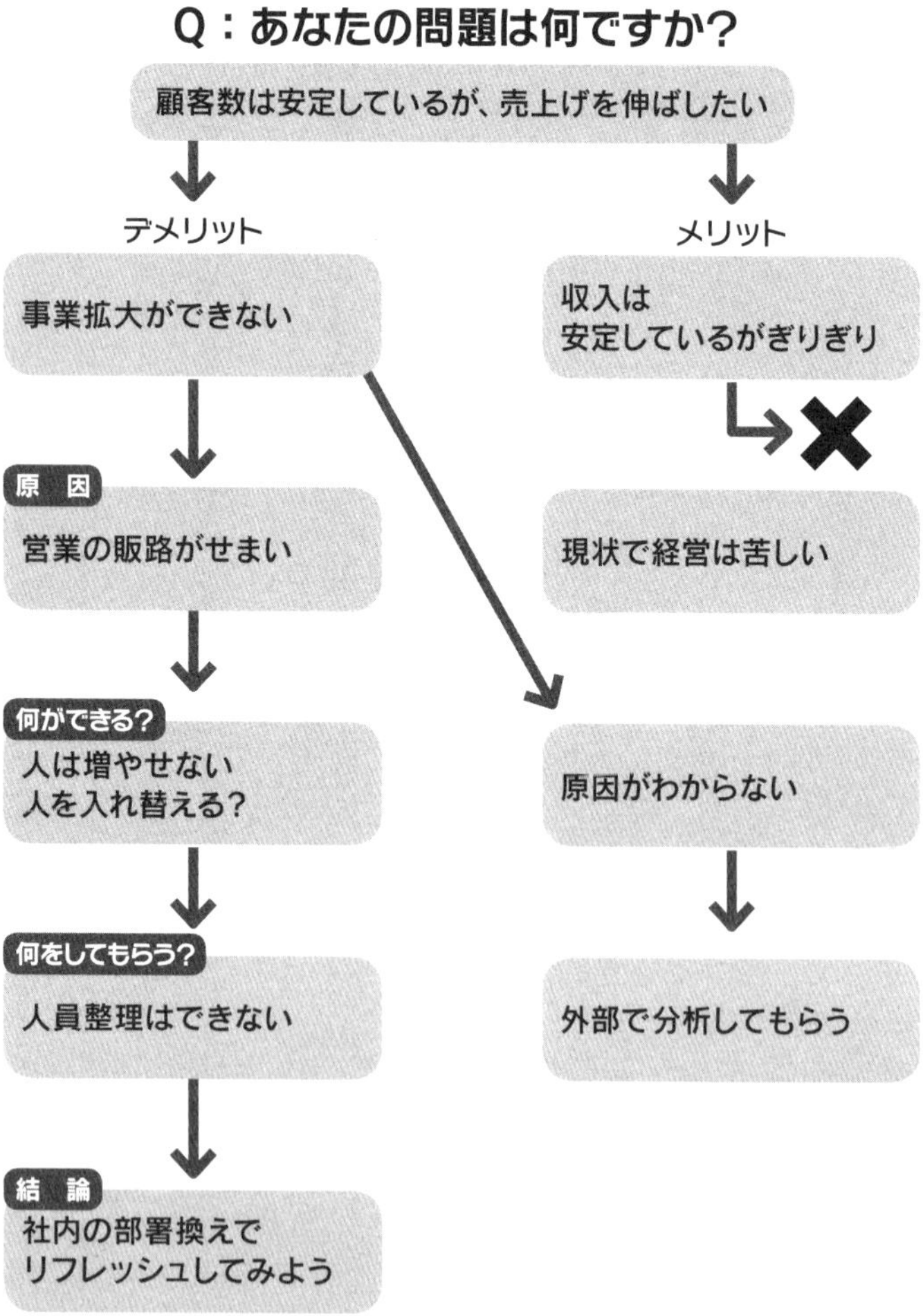
Q：あなたの問題は何ですか？
顧客数は安定しているが、売上げを伸ばしたい
デメリット
事業拡大ができない
原因
営業の販路がせまい
何ができる？
人は増やせない
人を入れ替える？
何をしてもらう？
人員整理はできない
結論
社内の部署換えで
リフレッシュしてみよう
メリット
収入は
安定しているがぎりぎり
現状で経営は苦しい
原因がわからない
外部で分析してもらう

問題となった理由をひもといていけば、おのずと解決の糸口も見つかるはずです。「**問題が見えてきた**」となれば対策も思いつくはずです。早ければ、その場で落ち込みから回復できるかもしれません。

ここまでできれば終わったも同然。あとはタスクを実行するだけです。

それでも解決しないとしたら、回答を出す前の質問が間違っているのか、あるいは原因の理解が間違っている場合です。

そんなときは、質問フレームからつくり直してみましょう。

他人の質問を借りるという選択肢

質問フレームで問題が解決しないケースで、トラブル解消を急ぐ場合や、損害が広がるのを防ぐため是が非でも解決したいこともあるはずです。

そんなときは、客観的に判断でき利害関係にない外部の方や、トラブル解消の専門家に相談してみる方法があります。

このやり方にもメリットとデメリットがあります。

メリットは、解決できることです。
デメリットは、費用が発生することです。

ですので、もし依頼するときに考える必要があるのは、経費をかけて解決する価値があるのか、ないのかという判断です。

もし、時間に余裕があるなら、時間をかけても良いでしょう。

他人に助けを求めるということで、自分の実力の低さに落ち込むこともあるかもしれませんが、あくまで現時点での実力です。解決方法を早く知ることができた、早く解決できた、次回は自分で解決できるとプラスの事実だけで良いのではないでしょうか。

また、誰にも頼れない人は、最終的に小さなことしかできないケースが大半なので、誰かを頼れる自分を誇ってもいいかもしれませんね。

実際、あなたがどれだけがんばっても、外部の専門家のほうがより多くのビジネス案件を知っているほうが普通です。

それに、当事者の本人よりも状況にとらわれていないので、客観的な視点で解決へ向けた質問がつくれます。そのイメージに過去の似ているケースなどに照らし合わせて、相談者に参考になる解決法を提示することができるのです。

問題というのは、基本的に自分の思考の枠にとらわれた状態のことを言います。

その中にいる当事者は、俯瞰視点を持つまでは、基本的に枠内の要素しか認識できないため、他人から解決策の糸口をもらうことに価値があります。またこの話は、外部の専門家で質問をしない人の答えは信用できないという持論の理由でもあります。

専門家から得るべきは答えではない

当事者でないコンサルは枠の中は見えないですが、外側が見えるので解決の糸口は豊富に見えます。ただ、あくまで外野なので、ただし、当事者の気持ちまでは理解できにくいので関係者を相談時よりイライラさせることもあります。

せっかくですので、良いコンサルタントを見つけやすい判断ポイントをお話します。

コンサルタントの良し悪しの判断は2つです。

1つは、過去にトラブルの当事者であった経験を持っているかどうか。

もう1つは、どんな状況にいてもつねに**俯瞰視ができるスキル**を持っているかどうかです。

それ以外のコンサルは、本人の得意パターンばかりで解決をしようとしてくるので、かえって状況を悪くされたりするので頼まないほうが安全です。


外部の専門家に解決してもらうことは、**お金を払って他人の経験を借りる**ことですが、トラブルをいかに経験するかで能力が伸びると前述しました。

肝心なのは経験の「借り方」です。

答えを出してもらうだけでは、専門家に依存しているだけです。

どうやって解決する「計算式」をもらうのか、**トラブルを解消する「ロジック」を受け取る**ことが重要なのです。

安直に答えだけを求めていたのでは、成長の糧とはなりません。

お金を投資して問題を解決するだけでなく、**そこから成長を得て、次回の行動速度を上げる**ということは何よりも大事なことですので心得ておいてください。

時短のポイント

□トラブルや問題点が大きく見えるのは、正体不明のまま抱えているから。トラブルを「具体的な言葉」「イラストやアイコン」に変換してみると、正体は意外と小さいことが多い。

□クレームをつけている相手に対しては、「反射的に思考」することで事実確認を最優先で行う。この対応は問題解決の時短になる。

□抱えている問題やトラブルに対して、「質問フレーム」を組んで自問すれば時短できる。「問題は何か?」「それがもたらすメリットとデメリットは?」「その問題の原因は何?」「解決するために何ができる?」「誰に何を依頼すればいい?」。
問題さえ見えてきたらタスクを実行すれば良い。

□解決できないときは、費用は発生するがトラブル解消の専門家に相談してみる。そのとき専門家の「経験を借りる」ことが、成長の時短になる。

第6章

成長を倍速にする時短術

教育が高くつくというなら、無知はさらに高くつく。
自己投資が、あなたに一番高い利子をもたらす。

実業家　ベンジャミン・フランクリン

6-1 人生を変える一流の職場

手と足と頭とココロで会得してきた

最近では学生時代に起業することは珍しいことではなくなりましたが、多くの方は学校を卒業して企業で働き、社会人としての経験を積み、人によっては副業期間などを経て独立起業します。

起業する前段階の会社で体験することは、独立起業後に大きな影響をおよぼします。影響というのは当然、プラスもマイナスもありえますので、私たちが得る経験としては、ビジネスマンとしてのレベルを高めてくれる「一流の職場」が理想です。

一流の職場というのは成長を続けるための条件が整っていて、本気で鍛えてくれて、さらには給料までくれるのですから、理想というほかありません。

このパートでは、一流の職場は「人生単位の時短に役立つ」ということをお話ししたいと思いますが、その前に**私が経験してきた職場を列記**します。

スーパーゼネコンの総合職、音楽教室、建築設計事務所、ハンバーガー屋、板前、居酒屋のホール、団子売りの出店、アートパフォーマンスショー、大型書店の販売員、物流センター、某有名スイーツ店のセントラルキッチン、印刷所の作業員、キャバクラのボーイ、デザイン事務所、ポスティングスタッフ、通販サイトの運営、テレマーケティング会社のスーパーバイザー、整体師、アパレルショップの深夜スタッフ、出会い系サイトのカスタマー対応、テレマーケティングのSV、ネットワークビジネス、イベントオーガナイザー、大型ECモールの本部、原子力発電所のプレゼン代行、クラブのVIP専属、経営コンサルティング、広告運用代行、セールスコピーライティング、セミナー講師……など、すぐに思い出せる案件でこれくらいあります。

それと今この瞬間は、著者もやっています。

建設時代は、現場監督をしながら、クロス貼り、コンクリート斫《はつ》り、左官、ダイノック補修、床壁の仕上げ補修、仮設足場の組立、C工事の養生、法律に触れない程度に電気・空調・衛生の設備作業なども実際に体験しました。

デザインなら、チラシ・DMなどの紙媒体デザイン、LP・ECまで含めたHP制作、撮影・編集を含めた動画制作、名刺・商品パッケージなどのブランディングデザインなどは現役で行っています。

コンサルティングでも、マーケティングやデザイン、広告運用は当たり前として、スタッフ教育から対面や電話でのセールスも指導しています。

この本をお読みのほとんどの方より、おそらくたくさんの業界・業種を経験しているのではないでしょうか。ときどき、コンサルタントで「私は何十業種、何百業種の経験があります」と言う方もいますが、コンサルティングを経験とは言いませんし、それを言われたら本業の方に失礼だと思います。

そこで、ここでは、自分の手と足と頭とココロを使って経験してきた数十業種の経験を踏まえ、お話をさせていただきます。

「経験して良かった」と思うだけの仕事と「人生を変える」ほどの仕事は違う

私の人生で役立った「経験して良かった仕事は何か」と質問されれば、そのすべてだと思っています。ですが、「**人生を変えた仕事は何か**」という質問に「すべてです」とは言えません。いくつかにかぎられます。

なかでもとくに大きな影響を与えてくれたのは、やはりスーパーゼネコンです。スーパーゼネコンというとおり、日本の建設業界のトップ5社で売上も1兆円以上ありますので、基本スケールの大きな仕事ばかりでした。

前述のとおり、配属先の現場は運良く当時一番大きなプロジェクトだったので、国立大卒も多い、非常に優秀な人たちが集まっていたのです。

普段間近で見られる**仕事の流儀も一流**で、その基準に満たない行動を私が起こせばすぐに怒鳴られたことをよく覚えています。

しかし、これが**私の仕事の基準**になりました。

ここまでにお伝えした時短の考え方や方法には、一緒に働くスタッフにいかに効率的に自分のやり方をコピーさせるかというノウハウもありました。

ただ、このノウハウは、コピー元の自分自身の基準（レベル）が低かった場合にはマイナスが倍々になってしまうというおそろしさもあります。

今そうならずにすんでいるのは、一流の流儀を覚える価値に気付き、叱られたときには自分が悪いと素直に受け止めていたからです。

色々な人と仕事をしているとわかることですが、間違いを指摘すると、さもこちらが悪いという反応を示す人もいます。

私がそうしたことをせずにすんだのも、この時代にしつけてもらえたおかげなのです。

成長し続ける人の3条件

では、起業後も成長し続けたいときには、どうすれば良いのでしょうか。

仕事環境を構築するとき気を付けるべき絶対条件があります。

何かと言うと、

1　自分より何か1つでも得意な人がいること

2　叱るか、しつけてくれる一流の人がいること

3　醜態は見せられないと思う人がいること

このすべてを満たせなくとも、どれか2つを守ることです。

今も一流の人と仕事をしていると前述しましたが、一流にも2パターンいます。

「成長している一流」と**「成長の止まった一流」**です。

成長して一流になることも大事ですが、そこで猿山の大将になればそこまでです。猿山の大将のおそろしいところは、本人が気付けない点です。本人も井の中の蛙で満足していれば良いのですが、本来それを知れば満足しないはずです。

ですが、先の3条件のどれもはずしていると、現状維持、つまり衰退の一途をたどってしまいます。

近ごろは、ネットビジネス、セミナー講師、独立コンサルタント、エキスパート起業などという1人でできる起業法が流行っているので、そういった状況に気付かないうちにハマっている起業家を本当にたくさん見ます。

もちろん、そうなっていない友人もたくさんいますが、前述の3条件のうちどれかを得ていることがほとんどです。この条件にもれる方はいません。

逆説的に考えてみると、わかりやすいと思います。

1　自分よりデキる人がいない

2　間違いを正してくれる人がいない

3　自分を高める理由になる人がいない

このことは多くの人を見てきた中で気付けたことなので、「人の振り見て我が振り直せ」を実践しています。

自分の間違いを指摘してくれる社員がいるのですが、やはり正しいことを指摘されても、イラッとしてしまいますが、いつも起業家特有のエゴと悪戦苦闘しながら、素直に受け入れることを心がけています。

6-2 倍速勉強法

勉強しなければ太刀打ちできない

起業にあたり、関連するセミナーに参加したり、本を読んだり、先輩起業家に相談したりと、何らかの方法で必要な知識を身につけようとすると思います。

しかし、どれだけ知識を得ても、実務に直面したとき、自分の知らないことの多さを痛切に感じることもあるでしょう。

成功し続けるためには、より広く、より深い知識が求められます。

小さな成功に満足してこれまでのやり方を踏襲する仕事観では、世の中に置いていかれてしまい、ライバルに太刀打ちできません。

学ぶための時間をいかに短縮できるかがポイントです。一例をご紹介しましょう。

倍速再生で映画を見る

録画したテレビ番組などを早送りで再生した経験は誰でもあると思います。あの早送りは2倍速や3倍速で再生されていますが、音声や動画は2倍速なら十分理解できると思います。私の勉強法の1つが、この「**倍速再生**」なのです。

倍速再生を試してみるきっかけになったのは、動画の音声編集でした。動画音声の編集を自分自身でやっているのですが、その作業中にオーディオブックを聞き取れる限界まで速くしたら時短できるのではないか、と思いつきました。実際に試してみたら、十分実用的であることが実感できたのです。

私は洋画や海外ドラマを見るのが好きなのですが、これも倍速で見ています。理由は単純で、少ない時間でたくさん見たいからです。

試してみる前は「ドラマの余韻や風情を損ねるかな」とも思いましたが、やってみたらまったく問題なかったので、今では倍速再生の鑑賞がデフォルトになりました。

忙しいときの空いている時間が60分しかないとして、2倍速で見ることができれば、映画も1本見終わります。たったこれだけであなたの自由時間も、長さは2倍にはなりませんが、内容や経験値は簡単に2倍になります。

余談ではありますが、話題になった海外ドラマ「24―TWENTY FOUR―」も倍速で鑑賞すれば、半分の12時間で楽しむことができます。実際に、今は3倍速でもふつうに見られるようになったので、「24」なら2日で6シーズンが見終わります。

「倍速再生」を習得すると、1日が24時間というのはただの枠であって、その中で得られる内容や経験値は関係ないことが体感レベルで理解していただけると思います。

倍速再生でセミナー動画を2倍学ぶ

経営は勉強の連続です。

私自身、目に入るものすべてが自分の糧になると考えていますし、いつまでも勉強する姿勢を持ち続けたいと考えています。

自分に対する気持ちと同じくらい、スタッフの勉強に時間と手間をかけることも大切です。

たとえば、受講したいと思っている有益なセミナーがあるとします。

「**お金を払ってでも行きたい**」と感じているなら、そのセミナーにあなたのかわりにスタッフを行かせてみるのはいかがでしょうか。


ただし、ここでも時短できるものは徹底的に時短します。

録音や録画がゆるされているセミナーなら、スタッフにかわりに行ってもらい、それを倍速再生して自分も勉強します。

録画してある1日講習のセミナー動画なら、ほかの方が丸1日で終える講習を、もし3倍速で見ることができたら3日分の講習を終えることができます。

あるいは、ほかの方が24時間必要とする音声講座を、12時間で聴き終えることができれば、**時短になるだけでなく、身体的な負担も減らせます**。

これなら、実際にセミナーに行ったた**スタッフの勉強になり、自分の糧にもなります**。

また、講習の録画をもらえるセミナーなら実際に参加せずに、後日、倍速再生で学習すれば時短効果をさらに高めることもできるのです。

密度を2倍にする時短術

私は「ながら学習」が可能な内容な状況であれば、再生速度を可能なかぎり上げて聴くようにしています。基本的に学習にあてるのはスキマ時間です。

これは気が付いたら習慣になっていたのですが、スキマ時間5分の学習を4倍速で聴ければ20分の勉強ができます。

それを月に20日続けただけで、年間80時間になります。

年間80時間と言えば、デザインスクールなどと同じ時間数ですから、あなたは1日5分を続けるだけで、その分野のスクールに通うのと同じくらい成長することができるんです。これこそが倍速学習の大きな魅力です。

いきなり4倍速が難しいという場合は、まず2倍速から始めてみてください。2倍なら本当に誰でもできます。信じられないという方は、ユーチューブにも再生速度2倍にする機能が付いているので試してみてください。

私がなんでも倍速で見てると聞いた方で、やってみたいという方に手順をすすめたところ全員がもれなくできるようになっています。

もしかしたら、あなたも多くの方と同じように、「もっと勉強しなきゃ」というのを「もっと時間を確保しなきゃ」と考えていたかもしれません。

忙しい毎日の中で、2倍の勉強時間の確保がどれだけ難しかったか思い出してみてください。

それに比べたら、密度を2倍にすることは簡単に実現できるのです。

書店の本棚で思考の枠組みをはずす

学習にもっとも多く使われる教材「書籍」の活用についてもふれておきましょう。

私自身は、本は読みたいときに読めるように、良書を見つけたら必ず買うようにしています。家の壁一面が本棚になるほどに本を持っていますが、仕事で疲れたときにこの本棚を眺めていると、すぐにビジネスのネタが生まれたりします。

「アイデア出しの倉庫」として書籍はじつに効果的なのです。

もっとも効果的な書籍の利用法は、もはや自宅ではなく大型書店です。

当然、まだ持っていない新刊書籍も並んでいるわけですから、最新トレンドが汲み取れます。また、何よりもありがたいのは、普段の自分目線では絶対に選ばない本が少し歩けばいくらでも見つけられることです。

これは発想の上限や思考の枠組みを取り払うためには、非常に有効な方法です。この思考のテーマパーク、入場料はいつでも無料です。しかも再入場を何回しても誰も嫌な顔をしません。

新しいひらめきを得る場所として、書店は非常に貴重だと思います。

時短で得た知識を実のあるものにする方法

こうして得た知識も自分のものにできなければ、努力の意味はありません。

私は得た知識を実のあるものにするために、次のようなことを心がけています。

たとえば、一度受けたセミナーなら、その日のうちに、自分でほかの誰かに話せるようにします。

誰かに教えるつもりで話すようにするのです。

習得度というのは通常の、学習を受けたレベルの20％程度しかないそうですが、誰かに教える意識で講習を受けると、まるで習得の度合いが違ってきます。

また、こまめにメモを取ることも重要ですが、**ポイントは学んだことを自分の持っているノウハウにからめてメモすることです。**

自分のノウハウやアイデアを乗せながらメモすることで、オリジナルのアイデアに生まれ変わり、教わったことが自分のものになるのです。

セミナーや講習を受ける際には、この2点を意識してみてください。

6-3 記録より記憶が大事

脳に記憶しておけばいい

セミナーなどに参加して、メモをまめにするほうでしょうか。私のセミナーを受けている方の中にも、ひたすらメモをしている方を見かけます。

また、セミナーの動画を欲しがったり、「復習したいので音声をもらえませんか?」などと言われたりもします。

これらの素材を自身のビジネスに活かすことができれば問題ないのですが、そういう方にかぎって復習をしていないようです。

その方が何を大切にしているかと言うと、「記憶」ではなく、「記録」です。

前項と矛盾しているように感じるかもしれませんが、記録を欲しがってしまう方が陥りがちな落とし穴でもあるので、あえてお伝えしています。

本当に重要なのは、**その場で一生懸命に覚えること**、つまり、「記憶」です。

記録を手にしたことで安心してしまっては、記憶に残りません。これではなんのためにセミナーを受けているのか、意味がなくなってしまいます。

私は、記録が残っていても、記憶に残っていないと不安です。

なぜなら、記録した内容は探すのに時間がかかりますが、記憶ならコンマ何秒もかからず、瞬間的に必要な情報を脳から取り出せるからです。

記憶力はその「入れ方」を工夫すれば、誰でもアップさせることができます。

記録に頼らないために「記憶」する方法をお話しましょう。

1　学んだことを使っている状況をイメージする

もっともわかりやすく、自分なりの解釈ができるようになるのは、**自分がその知識を活かしている場を想像**することです。話し方のセミナーならば、その話術を誰かに使っている場面をシミュレーションしてみましょう。

2 自分の得意な感覚と関連づけをしてみる

記憶術としてよく紹介されていますが、**自分の五感に結びつけて覚える方法**も良いでしょう。

聞いたことを好きな音楽とイメージづけて覚えるようにしたり、学んだことを手のひらに載せているイメージでも良いと思います。

あなたの得意な感覚と結びつけて覚えてみてください。

私がおすすめしたいのは、頭の中でそのイメージをビジュアル化することです。

「聞き取れる」ことと「理解する」とは意味が違いますが、ここで言う「ビジュアル化できる」というのは、ビジュアル（映像）とオーディオ（音）の両方を意味します。

2つの感覚を両方同時に刺激するので、より効果的です。

脳に記憶しておけば、本当に必要なときには取り出せますし、仮に思い出せない情報があったとしても、「今は必要でないから出てこないだけ」ととらえれば良いのです。

6-4 つくりたいものを「まねる・分析」する

参考にしたいものから学び、クオリティを上げるために

私の会社はウェブサイトの制作や動画のプロモーション、さらにマーケティングセミナーの分野などで実績を上げてきました。

これらは、私1人の力で築き上げたわけではありません。もちろん、「スタッフの力」という意味もありますが、先人の実績に学び、そのやり方を参考にしてきた過程があります。

2020年東京オリンピックのロゴマークデザインでパクリというのが大きな問題になりましたが、私が参考にしたり「まねる」のは自分の能力が最高と思っていないからです。

どちらかと言えば、「**最高でない自分が、最高になるために他人から学ぶ**」という考え方です。

デザインや絵画の世界だけでなく、人類の創作活動の歴史には、つねに先人の作品をまねるところから始まるという側面があります。

画家のパブロ・ピカソやアップル社のスティーブ・ジョブズも、創造することとはまねることから始まると語っています。

実際に仕事と向かいあったとき、モノをつくり上げるのにゼロベースで考えることほどムダなことはないと感じています。

オリジナリティを無視しているわけではありません。パクればラクできるなどとも考えていません。

なぜなら、参考にしようとする対象でも「最高」と思えるものはないからです。どんなすばらしい実績を残した仕事にも、何かしら改善の余地があります。

そのために、**参考にしたい対象の構成要素を分解し、各要素にスコアを付けて徹底的**

に分析しています。

「パクリの作法」で時短する

構成要素とは、たとえるならコーンフレークの裏にある栄養表みたいなものです。

人間に必要な栄養を考えたとき、その栄養素をコーンフレークからとったとして、足りない栄養素はほかの食品で摂取しなければなりません。

同様に、自分のつくっているもので足りない部分を補うことが、ほかの作品を参考にすることだと思っています。

もちろん注意点もあります。

私は作成中のホームページが完成間近になったとき、参考資料として、ほかのホームページを閲覧することがあります。

自分がつくり上げたホームページをその瞬間は最高と思っているのですが、事実は違うこともあるからです。

「最高のものをつくった」と思い込んだ時点で、成長するチャンスを失っています。

だから、ほかのものと比べることでチェックするのです。

そして、そこにある良い要素を学ばせてもらい時短につなげています。もちろん、ただまねるだけではいけません。

参考にさせてもらう以上は、**オリジナルを超えることを自分に課しています。**

それが私の「**パクリの作法**」です。


このことを社員や私のセミナーを聴きに来てくれた方にも言っています。

「私のつくったものや、セミナーの内容をパクっていただいてかまいません。ただしオリジナルを超えてください」と。

自分のつくったホームページやセミナーの講義内容の明らかな「パクリ」だとわかるものに出くわすことがあります。

その内容が自分のものよりもかなり劣化しているとわかると、オリジナルを世に送り出した側として本当に情けなくなり、腹立たしくもなります。

パクる以上はオリジナルを超えるのが作法であると思うのです。

6-5 成功の必須条件

倍速で成長する起業家

本章では、倍速で成長するための勉強法についてお話をしてきましたが、1つだけ、当たり前の考えですが、当たり前すぎて普段あまり意識されない大事な前提条件があります。

勉強を続ける方とそうでない方の「差は開く一方」ということです。

こういうことは「当たり前だから」と言葉で理解しているだけでは、まったく意味はなく、やっているときにだけ意味があります。

ただし、勉強を続けることでさえも、学ぶ視点を変えるだけで差が開くスピードを倍々にすることができるので、闇雲に続けるだけではかけた時間がもったいないという話をします。

答えではなく、計算式を求める

最近は本屋に行くと、「答えを教えるだけ」の本をよく見かけます。「○○個の方法」「○○個のテクニック」「○○個の技術」など、ピッタリ場面が符合すれば効果が出るという内容です。

こういったもの自体は悪くありません。読者側の内容のとらえ方に問題があるケースがあるという話です。

テクニックはただのテクニックであり、状況次第で大当たりもするし、大はずれもする可能性がある1つの選択肢として学ぶ分には良いのですが、現状うまくいってない方がこれさえあればと**ノウハウジプシーになってしまうことは大きな問題**です。

本書を通してあなたにお話ししているノウハウは、すべて時短発想から生まれたノウハウです。

つまり、**1つの行動で複数の成果を得るという発想です**。メアドを1つにするというノウハウであれば、1つのアクションで、7つのメリットを享受できるようにするということでした。

つまり、勉強でもこの発想をして欲しいということです。

そう考えるとあなたが学ぶべきものは「答え」なのでしょうか？

違いますよね。答えを学んでも1つの場面でしか、それは適合する環境でしか活きません。「答え」という、ギャンブルのような他人の情報を学ぶより、あなた**自身がいつでも答えを生み出せるようになる「計算式」**を学びましょう。

「答え思考」でなく「計算式思考」

例題：「X＋Y＝2」のXとYに入る数字を求めよ。

XとY、パッと答えを求められれば、「1＋1＝2」と答えてしまうかもしれませんが、ゆっくり考えれば「0＋2」や「0・5＋1・5」など、ここにあてはまる数字は無限にあります。

答えを求める計算式をつくるアプローチであれば、正解は無限パターンの応用がきくにもかかわらず、日本人の多くは答えを直接求めてしまいます。

これは短期的な得を求めてしまうための行動なのですが、前述の通り、場面が符合しなければ短期的にさえ得できないアプローチなのです。

ですので、私たちのように状況が刻々と変化する起業家には、応用のきかない**「答え思考」ではなく、「計算式思考」ができる必要があります。**

どういうことかと言うと、ビジネスで成功したいという質問に「成功したいなら、〇〇だ」という答えは出せないということです。

ビジネスというのは、必ず自分以外の要素がかかわってきます。いくつか要素をあげると「お客さん」「競合他社」「社会情勢」「国ごとの法律」などさまざまです。つまり、ビジネスの成功という答えを得るための計算式には、すでにこうした要素が入っているので、**単純な答えは絶対に出せない**ということです。

ですから、あなたもこれからは「どうやったら1億円稼げますか?」という質問にも、計算式を先に考えるということをしていただきたいと思います。

起業家が学ぶべきこと、学び続けるべきことは、「答えを求めずとも、自ら答えを生み出せる計算式のつくり方」です。

それさえできれば、あなたは他人のいい加減な情報に金輪際惑わされなくなります。すぐには難しいかもしれませんが、この発想を理解することで、**すぐに結果の出るノウハウを学ぶよりも早く、成功をコンスタントにできる**ようになります。

時短のポイント

□セミナーなどの音声講座を再生速度を速めて聴く。２倍速なら倍の量が学習でき、人と同じ時間内に倍の密度で時短学習が可能になる。

□「誰かに教えるつもりで話せるようにする」、「自分の持っているノウハウとからめて、学んだ知識を活かしている場をイメージしながらメモを取る」と、学んだ知識が身に付き、復習の必要性も低くなるので時短になる。

□自分のつくっているモノで足りない部分はほかのモノを参考にして補い、その要素の良い点を学ばせてもらい時短につなげる。そのうえで、オリジナルを超えることを自分に課すことで成長になる。
経営者が求めるべきは答えそのものではなく、答えを導き出すロジックにある。それが成功を導く計算式であり、成長を倍速でする時短術となる。

エピローグ

時短の先にある未来

成長を続けるためには、私たちは学び、決断し、実行し、
そして、なおも学び、決意し、実行しなければならない。
経営コンサルタント　スティーブン・リチャーズ・コヴィー

「時短術」とは

本書を最後までお読みいただき、本当にありがとうございます。

最後までお読みいただけたあなたのことですから、過去には、

「この1週間、色々あったなぁ」

「この1年、本当に成長したなぁ」

という時間の密度が上がる経験をしたことがすでにあると思います。

作業に集中していて色々と終わらせ、時計を見たとき、

「え、まだ1時間しか経ってないの?」という経験です。

そういった経験はこれまで偶然の産物でしかなかったかもしれませんが、本書ではそれを意図的に引きおこす方法についてお話してきました。

時短術とは、一般的な時間術がより多くのタスクをすばやく効率良くこなす、「量」に対するノウハウやテクニックだったのに対し、欲しい結果を手に入れるまでの時間を短縮する「質」と「量」を同時に得られるノウハウやテクニックのことです。

ですので、**あなたがこれを実践することによって得られるのは、欲しい結果までの時間を短縮することです。**

冒頭にも書きましたが、起業プラスマイナス1年生だった過去の自分に教えるとして、一番喜ばれるものは「時間の使い方」です。お金の稼ぎ方でも、人のひきつけ方でも、デザインのスキルでもありません。

何か新しいスキルを学んでも、それに取り組む時間がつくれなければ、そのスキルは活かされません。それでは、習った意味もなくなりますし、習った時間さえムダだったと思うようになってしまいます。

そういう方は世の中にたくさんいるでしょうが、あなたにはそうなって欲しくありません。

また、欲しい結果を手にするために、必要な時間というのも人それぞれだということは紛れもない事実です。長い時間をかける人もいれば、短い時間でできる人もいる。

同じ成功を手に入れるために、かける時間を短縮できるなら、短いほうが良いのは誰もが同意していただけるはずです。

ですので、あなたも時短術をぜひ実践してください。

本書のノウハウはそれを可能にするものだと、私は思っていますし、すでに時短術の一部分を聞いただけでも即日取り入れてくれている方たちは、その価値を感じたはずです。

あなたが成功の時短を求めていて、本書のノウハウを実践しないのであれば、その理由を私を論破できるレベルで持つようにしてください。

これは自慢でも、偉ぶっているわけでもありません。

私はあくまであなたの可能性の伸びしろや、成長の期待値を見ています。

世の中にプラスの影響を与えるビジネスマンであるあなたが、成功をすることは誰もが求めています。

私があきらめるより先に、あなたがあなた自身の成長をあきらめるのであれば言いませんが、この本を最後まで読んでいただけている以上、そうでないと思います。

あなたが成功したいのであれば、**あなたの生産性は、あなたの人生を変える重要な領域です。**

ですので、生産性を上げるノウハウを私がお話して、あなたに知っていただいたのに、やらないのであれば可能性はどこにあるのでしょうか？

万が一にも、私のノウハウがまだ稚拙で実行にいたらないと思うのであれば、あなたがそのノウハウをまとめ上げ出版していただければと思います。

「ビジネスで欲しい結果を得る」でも、「出版する」でも、社会に適合するものであるかぎり、あなたは大勢の人生をプラスに導くことができます。そして、あなたが与えたプラスの影響は必ずあなたに返ってきます。
ですので、あなたのためにぜひこのノウハウを実行して欲しいと思います。

時短は、誰にでもできる「簡単な知恵」です。

時短術を始めるには、お金はいりません。
時短術を始めるには、自信もいりません。
時短術を始めるには、当然、時間もいりません。

誰にでも、**今すぐに実践可能なノウハウ**ということは、おわかりいただけたと思います。そして、ビジネスで結果を出すには必ず時間がかかるという間違った認識も抜け出しました。あとは実践あるのみです。
さあ、あなたも時短術を始めましょう。

大坪拓摩

著者プロフィール

大坪拓摩 Takuma Otsubo

実業家、クリエイター、経営コンサルタント。数十業種の実務経験から得た成功体験をもとに、複数の事業で起業し、いずれも成功をおさめる。本書の時短術を実践することで得られた「知識の広さ」と「経験の深さ」から生まれる、業種・業界を問わずに結果を出す施策に定評があり、優良企業のアドバイザーも多数つとめる。また、時短発想から生まれる最少の手数で最大の利益を得るビジネス手法により、個人事業でも１回のプロモーションで利益額数千万円を超えるものも多数実現させており、そのノウハウを垣間見れるセミナーには参加費最低250万円という高額にもかかわらず、定員以上の応募が集まっている。現在はビジネス活動のほか、ビジネススクール、協会団体の理事やアドバイザーとして、日本の社会イノベーションの推進を目指し、活動している。

公式 HP：http://t-otsubo.com
時短術 HP：http://jitanjutsu.com

時短術

初版1刷発行●2016年2月14日
2刷発行●2016年2月18日

著　者　大坪 拓摩
発行者　小川 大介
発行所　海拓舎出版
〒106-0032　東京都港区六本木6-15-1　六本木ヒルズけやき坂テラス6F
Mail:info@kaitakusya.com
http://kaitakusya.com

発売所　㈱産学社
〒101-0061　東京都千代田区三崎町2-20-7　水道橋西口会館
Tel.03 (6272) 9313　Fax.03 (3515) 3660
http://sangakusha.jp

印刷所　大日本印刷株式会社

ISBN　978-4-7825-9006-5　C0030